Ingrid Retterath

Eifel

Schlösser und Burgen

Wartberg Verlag

Ingrid Retterath

Eifel

Schlösser und Burgen

Wartberg Verlag

Bildnachweis

S. 33 Aurelia Retterath, S. 45 u. 47 Klaus Strick, S. 51 Töpfereimuseum Raeren, Foto Christian Charlier,

x-act productions Eupen (B), S. 61 Jeannette Gräfin Beissel von Gymnich, S. 71 Torsten Zilles

Alle anderen Fotos stammen von der Autorin

Literatur

Elke Lutterbach: Burg Satzvey (Reihe Ritterburgen), 1. Aufl. 2005, J.P. Bachem Verlag, Köln

Europäisches Burgeninstitur der Deutschen Burgenvereinigung e.V.: Ebidat –

Die Burgendatenbank, www.ebidat.de

Förderverein Burg Neuerburg e.V.: Burg Neuerburg, 1. Aufl. 2003

Generaldirektion Kulturelles Erbe Rheinland-Pfalz: Burgen, Schlösser, Altertümer, www.burgen-rlp.de

John Zimmer: Die Burg Vianden, 1. Aufl. 2016

Rheinischer Verein für Denkmalpflege und Landschaftsschutz: Schloss Malberg in der Kyllburger

Waldeifel (Reihe Rheinische Kunststätten), 4. Aufl. 2000

Tilla von der Goltz: Burg Olbrück – Ein Burgenführer, 1. Aufl. 2005

1. Auflage 2020
Layout und Satz: Christiane Zay, Potsdam
Druck: Griebsch & Rochol Druck GmbH, Hamm
Buchbinderische Verarbeitung: Buchbinderei S. R. Büge, Celle
© Wartberg-Verlag GmbH
34281 Gudensberg-Gleichen, Im Wiesental 1
Telefon: 0 56 03-9 30 50
www.wartberg-verlag.de
ISBN 978-3-8313-3255-7

Inhaltsverzeichnis

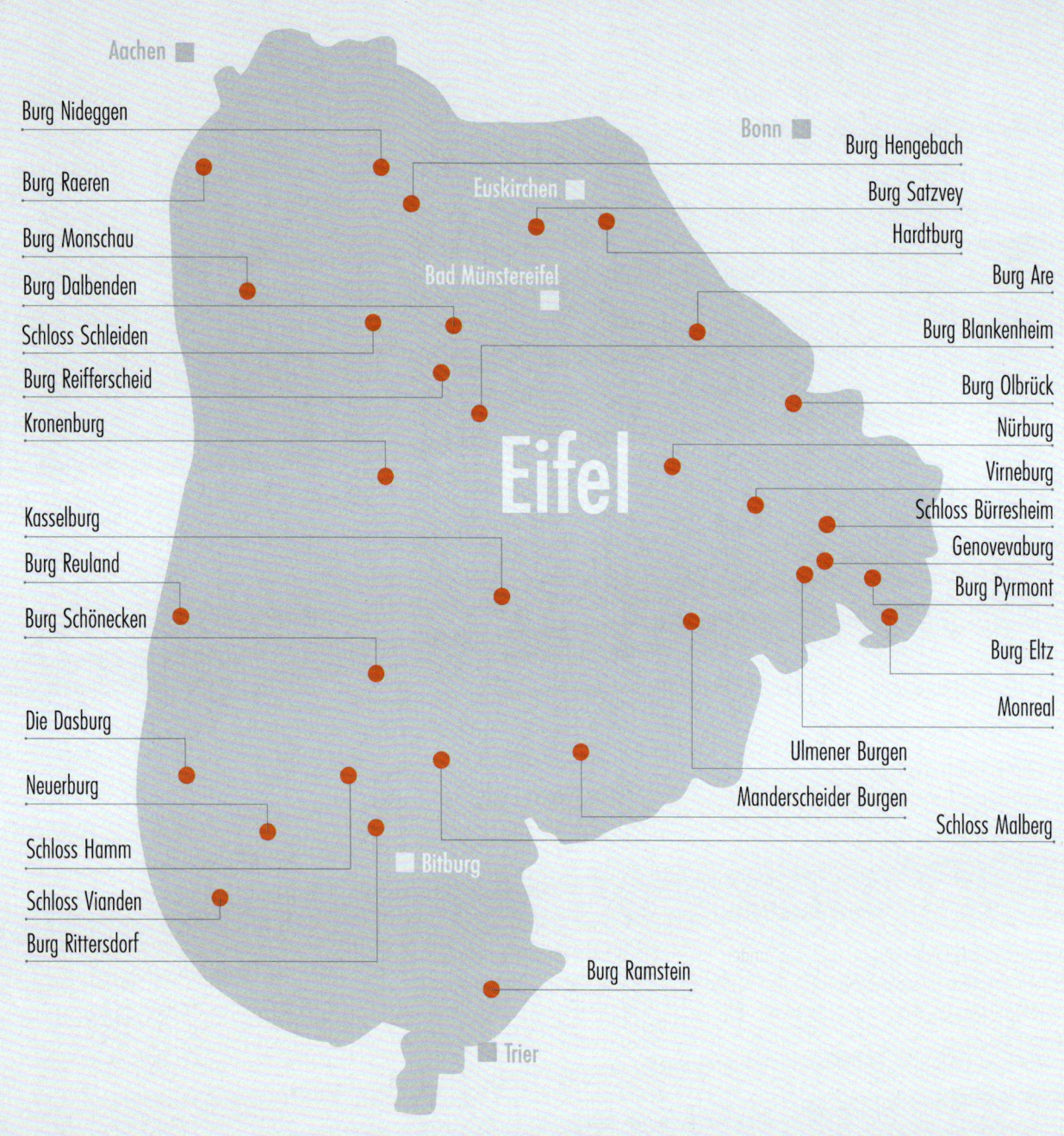

Aachen

Burg Nideggen

Burg Raeren

Burg Monschau

Burg Dalbenden

Schloss Schleiden

Burg Reifferscheid

Kronenburg

Kasselburg

Burg Reuland

Burg Schönecken

Die Dasburg

Neuerburg

Schloss Hamm

Schloss Vianden

Burg Rittersdorf

Bonn

Burg Hengebach

Euskirchen

Burg Satzvey

Hardtburg

Bad Münstereifel

Burg Are

Burg Blankenheim

Burg Olbrück

Nürburg

Virneburg

Schloss Bürresheim

Genovevaburg

Burg Pyrmont

Burg Eltz

Monreal

Eifel

Ulmener Burgen

Manderscheider Burgen

Schloss Malberg

Bitburg

Burg Ramstein

Trier

Vorwort

Schlösser und Burgen sind beliebte Ausflugsziele für die ganze Familie, denn die Interessen lassen sich prima kombinieren. Die einen leben dabei ihre kindlichen Träume aus und sehen sich selbst als holdes Burgfräulein oder edler Ritter. Die anderen wollen die drögen Fakten aus dem Geschichtsunterricht mit bunten Erfahrungen beleben. Vielleicht lockt sie die besondere Architektur des Gebäudes oder eine rührende Legende. In jedem Fall sind sich am Ende alle einig: Schlösser und Burgen sind viel mehr als nur ein paar „olle Steine"!

Vielleicht haben Sie ja auch Wurzeln in der Eifel und erfahren auf diese Weise etwas mehr über die Vergangenheit ihrer Familie. Mir ging es bei den Recherchen zur Virneburg so: Als Jugendliche hatte mir die Burgruine bei einer Radtour sehr gut gefallen. Nun habe ich sogar einen ganz besonderen Bezug zu ihr entdeckt, denn ich erfuhr aus alten Unterlagen, dass der Geburtsort meines Großvaters Retterath im 14. Jahrhundert zum Herrschaftsgebiet der Grafschaft Virneburg gehörte.

Die Eifel hat eine lange Geschichte, die von Krieg und Eroberungen geprägt ist. Schon die Kelten siedelten hier, und zwar gerne mit Aussicht ins Tal. Den Römern war es wichtig, ihre Handelsstraßen und die Eifelwasserleitung nach Köln zu sichern. Danach kamen die Franken mit ihren Klöstern, zu deren Schutz Wehrburgen nötig wurden.

Im Mittelalter, so scheint es, war den Herrschern kein Felssporn zu hoch und kein Berghang zu steil, um nicht mit einer Höhenburg versehen zu werden. In den wenigen Gebieten ohne natürliche Erhebungen und an wichtigen Flussübergängen entstanden Wasserburgen. Wäre eine Zeitreise in die Eifel möglich, würden wir über die enorme Burgendichte staunen, es müssen fast 400 gewesen sein. Das hatte einen guten Grund: Die Eifel war von großen Machthabern umgeben, im Westen und Norden waren es die weltlichen Grafen von Luxemburg und Jülich, zwischen Rhein und Mosel waren es die Erzbistümer Köln und Trier. Die kleinen Adelsfamilien mussten ihre Selbstständigkeit viel zu oft verteidigen. Das gelang nur ganz wenigen. Einige wurden vom Feind überrollt, anderen fehlten die männlichen Nachkommen. Deshalb sind die Standorte der meisten Eifelburgen eine Rückschau auf längst zerfallene Herrschaftsbereiche. Die Burgen dienten oft nur noch dem Machterhalt und wurden vom jeweiligen Herrscher gar nicht selbst bewohnt. Adelige Lehensleute und Amtmänner verwalteten die jeweilige Burg mit den umliegenden Ländereien.

Mit der Verbreitung der Feuerwaffen im 15. Jahrhundert hatten die Burgen ihre Wehrfunktion verloren. Selbst verstärkte Mauern und eigene Kanonen konnten Angreifer nicht lange aufhalten, wenn sie mit Mörsern und Bombarden angriffen. Die Burgen hatten nun eher Wohnfunktion. Viele Wehrtürme und Bergfriede wurden zu Wohntürmen umgebaut, Wehrmauern fielen und Wassergräben wurden zugeschüttet. Hatte eine Herrscherfamilie es bis ins 16. Jahrhundert geschafft, erlag sie in aller Regel der um sich greifenden angeberischen Verschwendungssucht. Die Fürsten ließen die wehrhaften Burgen zu pompösen Schlössern im Stil des Barock oder Rokoko umgestalteten. Die immensen Baukosten mussten vom Volk getragen werden, das mit hohen Abgaben und brutaler Gewalt gepeinigt wurde.

Zerstörerische Kriege bedeuteten ab dem 17. Jahrhundert das Ende der meisten Eifelburgen. Schlag auf Schlag überrollten der Dreißigjährige Krieg (1618–1648), der Reunionskrieg (1683–1684), der Pfälzische Erbfolgekrieg (1688–1697), die französische Besatzung (1794–1815) und die beiden Weltkriege des 20. Jahrhunderts das Mittelgebirge mit seinen Burgen. Hinzu kamen regionale und lokale Auseinandersetzungen und Fehden, Großbrände und Pestwellen. Da blieb in vielen Burgen kein Stein auf dem anderen.

Dennoch stehen noch so viele Schlösser und Burgen, dass die Auswahl, die ich für das Buch treffen musste, nicht leicht war. Ich habe mich bemüht, eine ausgewogene Mischung aus weltberühmten und unbekannten Gebäuden in allen Teilregionen der Eifel zusammenzustellen. Von der perfekt gepflegten Grafenburg bis zur wildromantischen Ruine ist jeder Erhaltungszustand vertreten. Die meisten sind frei zugänglich oder können im Rahmen einer Führung betreten werden. Wenn sie noch bewohnt sind, geht das leider nicht. Außer vielleicht, wenn man selbst darin wohnt, denn einige der Eifelburgen öffnen ihre Burgtore für Übernachtungsgäste: eher rustikal als Jugendherberge, als Ferienwohnung oder ganz elegant als Hotel.

Tauschen möchte man nicht mit den Burgherren des Mittelalters. Ohne den neuzeitlichen Komfort muss das Leben auf einer Burg alles andere als märchenhaft gewesen sein. Im Winter wurden die Fensteröffnungen mit Tierhäuten bespannt. Diese hielten zwar die Kälte und den Wind etwas ab, es drang aber auch nur wenig Licht nach innen. Warm war es nur in unmittelbarer Nähe der wenigen Kamine und in der Küche. Bei genauem Hinsehen saßen die Damen ihr ganzes Leben in zugigen Burgen fest. Um ihre helle Haut zu bewahren, durften sie nicht an die Sonne, selbst an den wärmsten Sommertagen saßen sie in ihren Frauenzimmern. Ihre edelste Aufgabe war es, möglichst viele Kinder zu gebären, um das Grafengeschlecht vor dem Aussterben zu bewahren. Viele starben im Kindbett, ihre Männer kamen bei Erbauseinandersetzungen oder Kreuzzügen ums Leben.

Nun gilt es, das Andenken an diese Zeit zu bewahren, denn sie ist als kulturelles Erbe untrennbar mit der Eifel verknüpft. Genießen wir den Anblick der Schlösser und Burgen am besten bei einer Wanderung. Denn so reich die Eifel an Burgen ist, noch zahlreicher sind die Wanderwege. Auf ihnen kann man die Burgen aus Blickwinkeln sehen, die ansonsten verborgen bleiben. Burgfeste und andere Veranstaltungen bieten weitere unvergessliche Einblicke in die Burgengeschichte.

Ich wünsche Ihnen eine schöne (Zeit-)Reise in die Eifel.

Ingrid Retterath

Burg Are – Wildromantisch über dem Ahrtal

Es war wohl einige Jahre vor oder nach dem Jahr 1100, als die Bautrupps den steilen Nordhang des Ahrtals hinaufstiegen, um auf Geheiß des Grafen Theoderich (auch Diederich genannt) von Are dort oben eine neue Burg zu bauen. Denn der bisherige Stammsitz der Grafenfamilie von Are war vermutlich 1096 zerstört worden und sie benötigten einen Ersatzbau. Die meisten Historiker datieren den Bau auf 1095 bis 1105. Erstmals in einer Urkunde erwähnt wurde Burg Are im Jahr 1121, Graf Theoderich I. von Are wurde darin als Vogt des Klosters Steinfeld genannt.

Auf der Felskuppe über der Ahrschleife wurde vermutlich zunächst ein erster Bergfried gebaut. Er wurde als Gefängnis und Verlies angelegt und war nie zu Wohnzwecken bestimmt. Wohl aber fand er Verwendung als letzte Zuflucht bei der Erstürmung der Burg. Nördlich davon entdeckt der Besucher die Überreste einer romanischen Burgkapelle, die auf das 12. Jahrhundert datiert wird. In der gleichen Zeit entstanden die Vorburg und ein alter Torturm namens Schellenturm oder Schiefer Turm.

Kurköln nimmt sich der Burg an

Nach dem Aussterben der Grafenlinie Are wurde die Burg zunächst von den Grafen von Are-Nürburg und Are-Hochstaden verwaltet und gelangte 1205 in das alleinige Eigentum der Grafen von Are-Hochstaden. Besonders fruchtbar waren Graf Lothar I. von Are-Hochstaden und seine Gattin Mathilde von Vianden, sie hatten gemeinsam drei Söhne und vier Töchter. Nach dem Tod des Vaters übernahm der älteste Sohn Lothar II. die Grafschaft. Seine beiden Brüder Konrad und Friedrich verschrieben sich der Religion, ebenso zwei ihrer Schwestern.

Lothar II. und sein Sohn Theoderich starben 1246. Graf Friedrich von Are-Hochstaden übernahm nach dem Tod seines Bruders und seines Neffen zwar die Grafschaften, hatte aber kein großes Interesse daran. Er war Propst zu Xanten und wollte ebenso wenig die Grafschaft führen wie sein Bruder Konrad. Dieser war als Konrad I. seit 1238 Erzbischof von Köln. Als Friedrich bewusst wurde, dass er sein Erbe an keinen männlichen Nachkommen weitergeben konnte, schenkte er die Grafschaften dem Kölner Erzbistum zu Händen seines Bruders Konrad.

Erzbischof Konrad von Hochstaden und seine Nachfolger bauten die Burg Are weiter aus und nutzten sie als strategisch günstig gelegenes Bollwerk gegen Angreifer. Ferner wurde das Gebäude als Verwaltungssitz für das Amt Are und als Gefängnis für hohe Gefangene genutzt. Vorzugsweise wurden hier unliebsame Gegner eingekerkert. Mehrfach mussten die Erzbischöfe die Burg verpfänden, um größere Geldmittel aufzunehmen. Die jeweiligen Pfandherren ließen sich zu Amtmännern für das Amt Are ernennen, zogen in die Burganlage und übernahmen die Verfügungsgewalt über Burg und Amt. Die Kurfürsten und Amtmänner erweiterten und veränderten die Burganlage ständig. Große Umbauten gab es im 14. und 15. Jahrhundert. Erzbischof Walram trieb 1374 den weiteren Ausbau und eine gute Befestigung der Burg voran.

Die Chroniken berichten neben dem Neubau des grauen Turms von einer südlichen Erweiterung des Palas und einer Instandsetzung des Brunnens im Jahr 1426. Auch der Bau der Gymnicher Porz fällt in diese Zeit. Der Name leitet sich aus dem Adelsgeschlecht derer von Gymnich und der rheinischen Bezeichnung Porz für Pforte ab. Gemeint ist damit das unterste Burgtor, dem in der Folgezeit hohe strategische Bedeutung zukam. Die Grafen von Gymnich waren zeitweise Pfandnehmer der Burg.

Im 16. und 17. Jahrhundert wurden weitere Reparaturen, Renovierungen und Ersatzbauten nötig. In diese Zeit fallen eine aufwendige Sanierung des Bergfrieds und der Bau eines neuen Back- und Brauhauses mit einer Räucherkammer.

Nach dem Einmarsch der französischen Truppen in das Territorium von Kurköln 1690 wurde die Burg ein Dreivierteljahr belagert. Die Burgmannschaft konnte den Angriffen so lange standhalten, weil die Sohle des Brunnens bis zum Spiegel des Rossbachs hinab reichte. Das Mauerwerk und die Dächer nahmen unter dem Dauerbeschuss großen Schaden. Altenahr unten im Tal wurde gebrandschatzt und dem Erdboden gleichgemacht. Mehrfach wechselten nun die Besatzer der Burg und es kam zu weiteren Schäden.

Kurfürst gegen Kurfürst

1706 ließ das Kölner Domstift die Burg besetzen. Das hätte ein friedvolles Ende werden können, doch die Soldaten bedrängten und bedrohten die Einwohner Altenahrs in einer solch unerträglichen Weise, dass diese sich 1714 nach dem Friedensschluss von Rastatt an den Kurfürsten Joseph Clemens von Bayern wandten und um Hilfe baten. Sie wussten sich keinen anderen Rat gegen die ungehobelten Soldaten als die Zerstörung der Burg. Nach ihrer Sprengung wurde die Burganlage als Steinbruch für die zerstörten Privathäuser und das Amtshaus am Fuße des Burgbergs verwendet.

Denkmalschutz mit tödlichen Folgen

Im 20. Jahrhundert war von der einst stattlichen Burg nur noch ein baufälliger Rest übrig. Dieser wurde unter Denkmalschutz gestellt und in den Jahren 1997 bis 1999 mit großem Aufwand und hohen Kosten gesichert. Die Steine und Trümmer der Burganlage drohten auf die Bundesstraße unten im Tal zu stürzen. Insbesondere die 22 m lange Wand des Palas und deren Seitenwände mussten standsicher gemacht werden. Dazu wurden 65 Anker bis zu 14 Meter tief in den Fels getrieben und mit Zement verpresst. Das Baumaterial für die Sicherungsarbeiten wurde mit einem Hubschrauber an einem Lastseil auf den Berg gebracht.

Am 9. April 1997 verliefen die ersten 30 Flüge problemlos. Doch dann verfing sich das Lastenseil in den Kufen, der Hubschrauber kippte zur Seite, die Ladung verfing sich in einer Baumkrone und die Rotorblätter wurden gegen die Felswand gedrückt. Der Pilot starb bei diesem tragischen Unfall.

Anfahrt
A565, am Autobahnende auf der B257 Richtung Altenahr. Dort Parkmöglichkeiten z. B. am Bahnhof. Die Ruine ist nur zu Fuß erreichbar.

ÖPNV
Ahrtalbahn, Bahnhof Altenahr.

Übernachtung und Restaurant
Im Ort Altenahr.

Erlebnisse und Veranstaltungen
Die Burg Are liegt am bekannten Rotweinwanderweg und am Ahrsteig. Auch viele örtliche Rundwanderwege führen zur Burg.

Kontakt
Burg Are | 53505 Altenahr
Vom Bahnhof gehen Sie rechts über die Ahr auf der Brückenstraße, dann links bis zum Rossberg. An der Hausnummer 56 gibt es einen Aufgang zur Burg. Sie ist frei zugänglich.

Burg Blankenheim – Technisch der Zeit weit voraus

Die mächtige Burg hoch über der Ahrquelle ist ein Kleinod für Geschichtsinteressierte und Technikbegeisterte gleichermaßen. Die mittelalterliche Wasserleitung fasziniert manch einen Besucher in gleicher Weise wie die Burg selbst. Die aus Bruchsteinen gebaute Burg verfügt über eine Ober- und eine Unterburg. Die zweigeschossige Hauptburg steht auf einem dreieckigen Plateau, das spätbarocke Kanzleigebäude liegt in der Unterburg.

Kontrollposten für die Fernstraße

Archäologische Funde deuten auf ein römisches Kastell hin, das hier auf dem Felssporn oberhalb der Ahrquelle stand. Bei Ausgrabungen wurden Ziegel mit dem Stempel der sechsten Legion entdeckt, die dies bestätigen. Bereits in der Gründungsurkunde der Abtei Prüm übertrug Bertrada, die Tochter des Pfalzgrafen Hugobert, dem neuen Hauskloster der Familie das Besitztum Blancium. Ihre Gefolgsleute bauten zunächst die Burg in der Höhe von Blankenheimerdorf. Gerhard I. von Blankenheim erachtete diese Lage aber für strategisch wertlos und errichtete die Burg 1115 am heutigen Standort.

Die Ritterburg wird zum Barockschloss

Die Herren von Blankenheim verstanden sich auf Diplomatie, hatten gute Einkünfte aus der Eisenverhüttung und wurden in den folgenden Jahrhunderten zu einem der mächtigsten Geschlechter in der Eifel. Kaiser Wenzel erhob sie 1380 in den Grafenstand. Gerhard VIII. ließ die Burg im 15. Jahrhundert abreißen und baute sie zu einem prächtigen Schloss aus.

Mit dem Tod des Grafen Wilhelm II. im Jahr 1468 endete die männliche Linie derer von Blankenheim. Über seine Gemahlin fielen die Grafschaften Blankenheim und die Herrschaft Schleiden an Graf Dietrich III. von Manderscheid, der sich nun Graf von Manderscheid-Blankenheim nannte.

Der Tiergartentunnel

Eben dieser Graf Dietrich III. dachte sich eine Fernwasserleitung zur Burg aus, um deren Wasserversorgung zu verbessern. Aufgebohrte Baumstämme wurden zu einer Leitung zusammengefügt, die über einen Kilometer lang war. Das war eine beachtliche Ingenieurleistung, denn sie durchquerte das Tal „In der Rhenn" und überwand einen zwölf Meter tiefen Taleinschnitt. Überwiegend waren es Gefälleleitungen. Zur Überwindung der Senke wurde eine Druckrohrleitung konstruiert. Im Bereich der Kuppe namens Tiergarten wurde ein etwa 120 m langer Tunnel in den Fels geschlagen.

Oberhalb der Burg sind die einzelnen Bestandteile der spätmittelalterlichen Wasserversorgung zum Teil noch erhalten: die Quellfassung „In der Rhenn", Teile der Druckleitung durch das Tal, der Zulaufgraben vor dem Tunnel, der

Tiergartentunnel und das Wasserhäuschen auf der Tiergarten-Südseite. Es ist davon auszugehen, dass der Graf sofort nach Übernahme der Burg mit den Bauarbeiten begann, denn eines der Rohre wird dendrochronologisch auf das Fälljahr 1468 datiert. Aus dem späten Mittelalter ist keine vergleichbare Frischwasserleitung bekannt. Die Burg wurde nun mehrfach umgebaut, die wehrhaften Elemente wurden durch repräsentative Bauten ersetzt. Aus der trutzigen Ritterburg wurde ein ansehnliches Barockschloss. Dabei ging es den Bauherren weniger um den eigenen Komfort, vielmehr war ihnen wichtig, ihre Gäste mit den Anlagen zu beeindrucken. Um 1730 errichteten sie im Vorgelände des Schlosses einen barocken Garten mit einer Orangerie.

Die jeweiligen Grafen fanden für ihre Kinder stets Ehegatten, die für das Haus Manderscheid-Blankenheim wirtschaftlich und politisch von Vorteil waren. Wer nicht verheiratet wurde, machte in der Kirche Karriere: 1569 wurde Johann IV. Bischof von Straßburg. 1735 wurde Johann Moritz Gustav von Manderscheid-Blankenheim Erzbischof von Prag. Einige Töchter gingen als Stiftsdamen in verschiedene Damenstifte und stiegen dort nicht selten zur Äbtissin oder Fürstäbtissin auf. Nach dem Tod von Johann Wilhelm Franz Graf zu Manderscheid von Blankenheim im Jahr 1772 erbte seine Tochter Augusta die Grafschaft. Blankenheim fiel dadurch an ihren Gatten, den böhmischen Grafen Philipp Christian von Sternberg, der sich fortan Sternberg-Manderscheid nannte.

Unermüdlicher Wiederaufbau

Im Jahr 1794 wurde die Burg durch die Franzosen enteignet und auf Abbruch verkauft. Gräfin Augusta von Manderscheid-Blankenheim floh beim Einmarsch der Französischen Revolutionstruppen nach Böhmen, in die Heimat ihres Gatten. Zwar führte sie Wagen mit Urkunden und Besitznachweisen mit sich, aber es gelang ihr nicht, aus dem fernen Prag ihre Rechte an der Burg einzuklagen. Der Reichsdeputationshauptausschuss von 1803 entschädigte die Grafen von Sternberg-Manderscheid für die an Frankreich verlorenen linksrheinischen Besitzschaften Blankenheim, Jünkerath, Dollendorf und Gerolstein. Ihnen wurden die schwäbischen Abteien Schussenried und Weißenau übertragen. Gräfin Augusta verlor dabei ihren Anspruch auf Blankenheim und die verlassene Burg zerfiel zur Ruine.

1894 begann Preußen mit einigen Sicherungsmaßnahmen, doch erst 1926 kümmerte sich die Deutsche Turnerschaft um den Wiederaufbau. Im Jahr 1936 übernahm das Deutsche Jugendherbergswerk die Anlage. Die Kriegsschäden wurden 1950–52 beseitigt, während der letzten großen Sanierung 1994–96 wurde die Kernburg um einen dreigeschossigen Anbau ergänzt. Bis heute wird die Burg als Jugendherberge genutzt, verfügt über 168 Betten und ist daher nur auf Anfrage zu besichtigen. Der Ausblick von den Außenanlagen auf den Ortskern kann selbstverständlich genossen werden.

Anfahrt
A1 Ausfahrt Blankenheim, B51 Richtung Trier, links nach Blankenheim, dort den Schildern Richtung „Burg" und „Jugendherberge" folgen.

ÖPNV
DB Bahnhof Blankenheim-Wald, weiter mit Bus 832 oder dem Taxibus (Telefon 01806 151515) bis Blankenheim, Busbahnhof. Von dort etwa 1 km Fußweg.

Übernachtung und Restaurant
In der Burg befindet sich eine Jugendherberge, die Gäste jeden Alters aufnimmt. Einkehr im Ort.

Erlebnisse und Veranstaltungen
Tiergartentunnel
Tiergartentunnel-Wanderweg, Eifelsteig, Ahrsteig und Jakobsweg
Geisterzug am Karnevalssamstag, Ahrquelle.

Kontakt
Burg Blankenheim | Burg 1
53945 Blankenheim

Geöffnet: Innenhof und Tiergartentunnel sind jederzeit frei zugänglich. Burgbesichtigungen nach Vereinbarung mit der Herbergsleitung (Telefon 02449 95090, burg-blankenheim@jugendherberge.de) Führungen durch Bastion, Gefängniszellen, Barockgarten und Kanzlei vermittelt die Touristeninformation (Telefon 02449 87222).

11

Schloss Bürresheim – Nie zerstörtes Juwel mit Barockgarten

Auf einem Felssporn im Nettetal, gut geschützt von zwei Flüssen in einem Waldgebiet, liegt das Schloss Bürresheim. Nie erobert, nie verwüstet, nie abgebrannt – nahezu unversehrt ist es heute zu bewundern. Hinter einem tunnelartigen Gang öffnet sich der Burghof mit seinen Fachwerkgiebeln in aller Pracht. Seine Lage im Grenzgebiet der Erzbistümer Trier und Köln prägte die Geschichte des Gebäudes.

Zwei Burgen mit einem Wehrturm

Eine erste Wehrburg mag bereits zu Beginn des 12. Jahrhunderts auf dem Felssporn gestanden haben. Erstmals erwähnt wurden die Edelfreien Eberhard und Mettfried de Burgenesem in einer Urkunde aus dem Jahr 1157. Den heute 20 Meter hohen Bergfried gab es wohl damals schon. Er ist fast quadratisch und war nur über einen erhöht liegenden Eingang von der Nordseite zugänglich. Dieser hätte es Angreifern schwer gemacht, die Burg zu erobern. Es ist davon auszugehen, dass die Burg schon damals zwei unterschiedliche Eigentümer hatte, denn Eberhards Sohn Philipp verkaufte um das Jahr 1189 seinen Anteil an den Kölner Erzbischof Philipp I. von Heinsberg und erhielt es anschließend als Lehen zurück. Die andere Hälfte ging 1281 an den Trierer Erzbischof Heinrich II. von Finstingen. Von diesem Tag nannte man den Westteil Kölner Burg und den Ostteil Trierer Burg. Die Bürresheimer bewirtschafteten die Burg nun als Lehnsleute und 1339 entstand der Palas mit der Doppelturmfassade in der Kölner Burg. Dem Bergfried gegenüber wurde das Vogthaus erbaut.

Im Jahr 1359 endeten die Linien derer von Bürresheim. Neue Lehnsleute übernahmen deren Lehen: Die Vögte von Leutesdorf übernahmen das Kölner Lehen, die Ostburg ging an die Herren von Schöneck. Doch bereits 1473 verkaufte Kuno von Schöneck seinen Anteil an Gerlach von Breidbach, der den Vögten auch einen Teil ihres Lehens abkaufte. Etwa im Jahr 1477 erhielt die Trierer Burg ebenfalls ein Palas und einen Rundturm, zudem wird der Bergfried um fünf Etagen aufgestockt. Glücklicher neuer Eigentümer war zu diesem Zeitpunkt Johann von Breidbach.

Weite Bereiche der Kölner Burg wurden aufgegeben und verfielen zusehends. Zu Beginn des 16. Jahrhunderts übernahm Emmerich von Lahnstein den übrigen Anteil der Vögte. Über diesen Besitz wurde ab 1572 so sehr gestritten, dass selbst das Reichskammergericht nicht zwischen den Kontrahenten vermitteln konnte.

Von der Burg zum Schloss

Erst 1659 gelang es der Familie Breidbach, die Besitzstreitigkeiten endlich in einem Vergleich beizulegen und auch den Rest der Kölner Burg zu erwerben. In den nächsten beiden Jahren bauten sie in der Trierer Burg ein Amtshaus und ein Treppenhaus. Besonders durchdacht ist der Kanonenweg, den sie tunnelartig unter dem gesamten Südflügel bauten. Er diente als Falle für Angreifer, musste aber zum Glück nie benutzt werden. Südlich ans Schloss angrenzend gestalteten sie 1683 zwei Gartenanlagen.

Die Familie nannte sich nun „von Breidbach zu Bürresheim" und wurde 1691 sogar in den Reichsfreiherrenstand erhoben.

Auch mit den Baumaßnahmen ging es weiter. Der Kapellenbau entstand vermutlich 1698 bis 1701, er schloss eine Lücke zwischen dem Bergfried und dem gotischen Wohnbau. Dieser Bau umfasst im Erdgeschoss eine zum Hof hin offene Doppelhalle und im Obergeschoss die eigentliche Kapelle.

Emmerich Josef war 1763 bis 1774 Erzbischof von Mainz. Er ging in die Geschichte ein, als er 1764 Maria Theresias Sohn Joseph II. krönte. Die Bürger liebten seine aufgeschlossene, reformatorische und zupackende Art. In der Hungerkrise 1771 sah er den steigenden Brotpreisen nicht tatenlos zu, sondern importierte polnisches Getreide auf dem Seeweg.

Franz Ludwig Anselm Freiherr von Breidbach zu Bürresheim war Oberamtmann zu Koblenz und Ehrenbreitstein. Er floh 1796 vor den herannahenden französischen Truppen und wurde bei Bamberg erschossen. Mit ihm starb der Hauptstamm derer von Breidbach-Bürresheim aus. Ein Enkel seiner Schwester Caroline Louise wurde zum Alleinerben. Dieser Graf Klemens Wenzelaus von Renesse lebte mit seiner Familie im Schloss und führte von 1803 bis 1833 umfängliche Arbeiten aus, bei denen alle Säle und Wohnräume renoviert und rekonstruiert wurden. Die Geschichte dieser Familie nahm ein tragisches Ende, als die letzte Nachfahrin 1921 im Alter von nur 32 Jahren mit ihrem Auto tödlich verunglückte – nur elf Tage nach ihrer Hochzeit!

Beerbt wurde sie von der Grafenfamilie von Westerholt, die das Anwesen schon 1938 an die Preußische Rheinprovinz verkaufen musste. Seit 1948 gehört es dem Land Rheinland-Pfalz. Es war ein großes Glück, dass Bürresheim nur von wenigen verschiedenen Familien bewohnt und nie angegriffen wurde. Eine unvergleichliche Fülle an Einrichtungsgegenständen und baulichen Details aus dem 15. bis 20. Jahrhundert kann bis heute in der großartig erhaltenen Trierer Burg besichtigt und bestaunt werden. Von der Kölner Burg sind nur noch der Bergfried und der Palas erhalten.

International beliebte Filmkulisse

Wenn in einem Film ein perfektes Märchenschloss gesucht wird, fällt die Wahl oft auf Schloss Bürresheim. Im Abenteuerfilm „Indiana Jones und der letzte Kreuzzug" von 1989 wird Professor Jones Senior auf einem fiktiven „Schloss Brunwald" in Österreich gefangen gehalten. Gedreht wurde dafür auf Schloss Bürresheim. Der Fernsehfilm „Der Prinz und der Prügelknabe" nach dem Roman „The Whipping Boy" (Der Prügelknabe) von Sid Fleischmann wurde 1995 in Frankreich und auf Schloss Bürresheim erstellt. 2009 entstanden hier einige wichtige Szenen des WDR-Märchenfilms „Rumpelstilzchen".

Anfahrt
A61 Ausfahrt Wehr, weiter auf L82, K20 und L83.

ÖPNV
DB Bahnhof Mayen-Ost, Bus 340 oder 814 bis Schloss Bürresheim.

Übernachtung und Restaurant
Historisches Gasthaus Hammesmühle, **www.hammesmuehle.de**, 500 m vom Schloss entfernt.

Erlebnisse und Veranstaltungen
Barockes Gartenfest und andere Veranstaltungen.

Der Traumpfad Förstersteig ist ein 15,5 km langer Rundweg zum Schloss Bürresheim, der in Mayen-Kürrenberg beginnt und endet.

Kontakt
Schloss Bürresheim
L83 Im Nettetal | 56727 St. Johann

Telefon 02651 76440
Geöffnet: Osterferien bis Oktober täglich 10 bis 18 Uhr, Februar, März, November samstags, sonntags, feiertags 10 bis 17 Uhr.

┈┈> **http://tor-zum-welterbe.de/ schloss-buerresheim**

Burg Dalbenden – Zum Schutz des Handelsweges gebaut

Schon die alten Römern liebten das Urfttal: Vom Quellgebiet Grüner Pütz bauten sie eine Wasserleitung durch das Urfttal bis nach Köln. Etwa zur gleichen Zeit begannen sie mit der Eisenherstellung und schmolzen in sogenannten Luppenherden Roheisenstücke (= Luppen).

Etwa 700 Meter westlich der Burg Dalbenden thront die Ruine der Stolzenburg auf einer Bergkuppe. Sie soll auf den Fundamenten einer Römerburg gebaut worden sein, die zur Bewachung des Römerkanals gedient haben könnte. Die Stolzenburg selbst wird anhand von archäologischen Funden auf die Karolingerzeit (751 bis 911) datiert.

Die Ritter von Dalbenden und ihre Burgen

Eine erste Burg gab es unten im Tal vermutlich bereits im 12. Jahrhundert, als ein Geschlecht von Dalbenden erstmals urkundlich erwähnt wurde. Dies dürfte eine Motte (Turmhügelburg) gewesen sein, die in den Dal (= Tal) – Benden (= sumpfige Wiesen) stand, also in den Auen der Urft. Die Motte wurde bald durch eine größere Burg ersetzt. Sie diente dem Schutz einiger Eisenhütten des Klosters Steinfeld und der Kontrolle des Handelsweges durch das Urfttal. Die Burg war von Wassergräben umgeben, die mit Urftwasser gespeist wurden.

Die Dalbendener waren wohl eine friedfertige Familie, deren Taten in keinem Geschichtsbuch zu finden sind. Daher ist von ihnen nur überliefert, dass die Ritter von Dalbenden bis zum Jahr 1252 auch auf der nahen Höhenburg saßen, die damals Stolzenfels hieß. Henricus de Dalbende ließ sich 1252 in Dalbenden nieder, behielt aber die Burg Stolzenfels in seinem Besitz. Sein Nachfahre Friedrich von Dalbenden war wohl in großer Geldnot, denn er verkaufte 1337 die Burg Stolzenfels für „300 Mark kölsch" an Edmund von Gymnich und 1344 die Burg Dalbenden an seine beiden Onkel Tilmann und Gerhardt von Kastelberg. Wilhelm von Dalbenden machte 1399 von dem Rückkaufrecht Gebrauch, das die Gymnicher seinem Vorfahren eingeräumt hatte. Stolzenfels war also wieder im Besitz der Ritter von Dalbenden, bis diese im 17. Jahrhundert ausstarben.

Ein Burghof und ein Burgpark entstehen

Im 16. Jahrhundert wurde die Burg Dalbenden um einen Wirtschaftshof erweitert. Das rundbogige eiserne Tor weist in einer Sichtachse zum zweigeschossigen Herrenhaus mit dem markanten runden Treppenturm. Zwischen Burgtor und Herrenhaus liegt der Burghof mit dem Burggrabenhaus auf der linken und dem Kutscherhaus auf der rechten Seite.

Dalbenden kam um 1609 in den Besitz der Familien von Lymburg und von Syberg. Der Lymburgische Teil ging um 1640 an den Schleidener Bergrat Gerhart Mey. Sein Schwiegersohn Heinrich Schmitz übernahm Dalbenden 1644 und re-

novierte die Burg und das Reidtwerk. So wurde in der vorindustriellen Zeit in der Eifel eine Eisenproduktionsstätte bezeichnet, bei der das Eisen am selben Standort verhüttet und geschmiedet wurde. Heinrichs Tochter Judith heiratete den evangelischen Pfarrer Heinrich Wilhelm Cramer. Ihre Nachfahren veranlassten 1701 und 1706 einen umfangreichen Ausbau, bei dem das Burghaus erweitert wurde und der heutige Burgpark mit seinen in einem Halbrund angeordneten Fachwerkbauten entstand. Dem Haupthaus gegenüber liegt das Jägerhaus, dann kommt das Stiegenhaus. Das Försterhaus schließt sich Richtung Kutscherhaus an.

Sommerfrischler, Soldaten und Sektpartys

Der Professor und Landschaftsmaler Fritz von Wille war gerne in der Eifel. In den Sommern 1905 bis 1907 lebte er in der Burg Dalbenden. Dalbenden und die benachbarte Stolzenburg sind mehrfach als Motive seiner Gemälde zu finden.

Die letzten Nachfahren der Cramers, die sich inzwischen Charlier zu Dalbenden nannten, bauten Dalbenden 1915 zu einer zeitgenössischen großbürgerlichen Villa um. An der Westseite entstand ein dem Barock nachempfundenes Portal mit Freitreppe, vor die Ostseite wurde eine von Säulen getragene Halle mit Balkon gebaut.

Burg Dalbenden wurde im Zweiten Weltkrieg zum Kriegsschauplatz. Generalfeldmarschall Gerd von Rundstedt machte die Burg Dalbenden im Herbst 1944 zu seinem Hauptquartier für die Ardennenoffensive. Gerüchten zufolge befand sich Hitler persönlich dort und hatte eine Besprechung mit dem Führungsstab für 17 Uhr terminiert. Da alle Teilnehmer schon früh zugegen waren, waren bereits am Vormittag alle Tagesordnungspunkte besprochen und die Teilnehmer reisten ab. Kurz nach 17 Uhr kamen die alliierten Bomber und legten einen Bombenteppich über das Urfttal. Ob dies der wahren Historie entspricht, lässt sich nicht mehr feststellen. Historisch verbrieft ist hingegen ein Angriff der US-amerikanischen Air Force auf Dalbenden und Urft, bei dem die Burganlage schwere Zerstörungen erlitt.

Das Haupthaus brannte im Jahr 1964 völlig aus und kam in staatliche Hand. Nach der Instandsetzung beherbergte die Burg zunächst ein Hotel mit Restaurant. In den 1970er-Jahren wurde es zu einem Bordell umgestaltet, dazu wurden im Kellerbereich Saunaanlagen und verspiegelte Emporen eingebaut. In der Eifel wird gemunkelt, dass sich bei Formel-1-Rennen die Rennfahrer und Funktionäre zwischen den Renntagen mit Hubschraubern vom Nürburgring nach Dalbenden fliegen ließen, um sich dort zu vergnügen.

Ein ganz anderes Ziel verfolgt der aktuelle Burgherr Dr. med. Gunter Albert. Er kaufte die Burg Dalbenden 1990, um schützenswertes Kulturgut zu retten. Er investierte in die Sanierung der Burg und baute sie zu Wohnungen um. Zum Schutz seiner Mieter kann die Burganlage nicht von innen besichtigt werden.

Anfahrt
A1 Ausfahrt Nettersheim, B477 Richtung Nettersheim, bei Zingsheim im Kreisverkehr rechts (L206), nach knapp 5 km links Richtung Urft/Steinfeld, am Ortseingang von Urft rechts.

ÖPNV
DB Bahnhof Kall-Urft.

Übernachtung und Restaurant
Gastronomie und Hotels in Urft und Steinfeld.

Erlebnisse und Veranstaltungen
Aufschluss der Römischen Wasserleitung gegenüber der Burg. Kurzwanderung zur Stolzenburg, dafür gegenüber der Burg dem links bergauf führenden Waldpfad folgen.

Kontakt
Burg Dalbenden
Dalbenden 1
53925 Kall

Die Dasburg – Ziel einer Eulenspiegelei?

Wann genau an dieser Stelle eine erste Burg erbaut wurde, ist unbekannt. Die flache Bergkuppe bot sich für den Bau einer Höhenburg geradezu an, denn der Fels fällt hier aus 356 Metern Höhe steil und uneinnehmbar zur Our ab. Manch ein Historiker geht von einem ersten Bau etwa im 9. Jahrhundert aus. Die heute zum Teil noch erkennbare wehrhafte Fluchtburg stammt vermutlich aus dem späten 12. oder frühen 13. Jahrhundert. Eine erste urkundliche Erwähnung findet der Name Daysberhc in einem Kommentar zum Prümer Urbar. In diesem Güterverzeichnis der Abtei Prüm übertrug der Abt 1222 die Burg als Lehen an die Grafen von Vianden, die für Dasburg einen Burggrafen einsetzten.

Till Eulenspiegel auf der Dasburg

Die Dasburger sind davon überzeugt, dass der rheinische Schalk Till Eulenspiegel Mitte des 14. Jahrhunderts tatsächlich existierte und auch in Dasburg seinen Schabernack trieb. Einer Überlieferung nach entdeckte der Dasburger Burgvogt Hubertus Weingart den Fremden in Dasburg und fragte ihn aus. Woher kam er, wohin wollte er weiterreisen?

Eulenspiegel antwortete in – wahrscheinlich gespielter – Bescheidenheit, er sei auf dem Markt in Neuerburg gewesen. Der Burgvogt wollte wissen, ob der Markt groß gewesen sei und erhielt die schulterzuckende Antwort: „Ich hatte kein Maß, ihn zu messen." Ungehalten fasste der Burgvogt nach: „So war das nicht gemeint. Ich wollte wissen, ob viele Leute dort waren!" Als Eulenspiegel nun mit „Ich hatte keine Zeit, sie zu zählen" antwortete, stieg kalte Wut in Weingart auf. Er war sich nicht sicher, ob er einem besonders einfältigen Tölpel oder einem gerissenen Schalk gegenüber stand und wollte ihm eine Lektion erteilen. Für den nächsten Tag lud er Eulenspiegel in die Dasburg ein. Wenn er pünktlich zur gleichen Zeit käme, dürfe er von dem feinen Wein in seinem Weinkeller einen besonders großen Schluck nehmen. Er wies seinen Diener an, dem Besucher den einen versprochenen Schluck zu gewähren, aber schon beim zweiten Schluck mit einem Prügel auf ihn einzuschlagen.

Eulenspiegel war pünktlich und wurde in den Weinkeller geführt. Während er einen mächtigen Schluck aus dem Krug nahm, bemerkte er, wie der Diener nach dem Prügel griff, der in der Kellerecke bereitstand. Sofort war ihm klar, was hier gespielt wurde. Er ließ die Kanne fallen und riss mit aller Kraft den Zapfen aus einem großen Weinfass. Dem Diener war klar, dass dies den Zorn seines Herrn heraufbeschwören würde. Er vergaß den Prügel, sprang herbei und drückte seinen Daumen in das Spundloch, um den herausströmenden Wein zu retten. Nun war er quasi an das Fass gefesselt und Eulenspiegel schlug mit dem Prügel auf ihn ein. Zufrieden hörte der Burgvogt die Schreie aus dem Weinkeller und freute sich daran, dass sein Plan aufzugehen schien. Till Eulenspiegel nahm beim Hinausgehen noch zwei dicke Schinken aus der Vorratskammer mit und versteckte sie unter seiner Jacke. Gebeugt verließ er das Schloss und spielte den Leidenden, als er in Sichtweite des Burgvogts kam.

Auf dessen hämische Bemerkung „Jetzt hast du wohl für einige Zeit genug" antwortete er: „Jawoll, mein Herr! Jetzt haben meine Mutter und ich mindestens für 14 Tage genug!"

Wechselhafte Besitz- und Eigentumsverhältnisse

Im Jahr 1417 erbte Engelbert I. von Nassau-Dillenburg die Grafschaften Vianden und Dasburg. König Wilhelm von Spanien war von 1580 bis 1604 Eigentümer der Dasburg. Im 17. und 18. Jahrhundert wechselten sich das Britische Königshaus, das Herzogtum Braunschweig und die Grafschaft Vianden als Eigentümer ab. Burggrafen waren in dieser Zeit die Häuser Nassau, Oranien und Isenghien. Bis heute trägt der niederländische König den Zusatz „Freiherr von Dasburg" in seinem Titel.

Die französischen Revolutionstruppen besetzten Dasburg im Jahr 1794. Die Besatzer forderten überhöhte Steuern, schlossen die Kirchen und zogen junge Bauern zum Kriegsdienst ein. Das wollte sich die Bevölkerung der Westeifel nicht gefallen lassen und schloss sich zu einer etwa 2000 Mann starken Armee zusammen. Keiner hatte Erfahrungen in der Kriegsführung, als Waffen nahmen sie neben einigen Flinten ihre bäuerlichen Werkzeuge und dieser Krieg ging als Klöppelkrieg in die deutschen und als Kléppelkrich in die luxemburgischen Geschichtsbücher ein.

Napoleon Bonaparte schenkte 1811 die Herrschaft Dasburg seinem getreuen Marschall Oudinot für herausragende militärische Verdienste. Die Burg war zu diesem Zeitpunkt in keinem guten Zustand, deshalb versteigerte Oudinot 1813 die Burg auf Abbruch. Die 36 Ansteigerer zahlten 4400 Franken und erhielten die Auflage, die ersteigerten Bauteile binnen Jahresfrist zu schleifen. Nur ein immerhin noch 20 Meter hoher Teil des Bergfrieds und die etwa fünf Meter hohe Mauer des äußeren Burgbrings mit einigen kleineren Turmresten lassen die ursprüngliche Größe der Burg erahnen.

Beim Wiener Kongress wurde im Jahr 1816 das Gebiet östlich der Our dem Königreich Preußen zugesprochen. Die traurigen Überreste der Dasburg gingen zunächst an die preußische Forstverwaltung, die 1817 im nördlichen Teil der Vorburg ein Forsthaus erbaute und 1848 um ein Schulhaus ergänzte.

In den Kriegsjahren 1939/40 ließ die Deutsche Wehrmacht zwei Stollen in den Fuß des Burgbergs treiben, um die stark umkämpfte Ourbrücke besser verteidigen zu können. Seit 1945 steht die Dasburg im Eigentum des Bundeslandes Rheinland-Pfalz. Die Staatliche Schlösserverwaltung führte zwischen 1970 und 1981 umfangreiche Sicherungsmaßnahmen an der ovalen Umfassungsmauer der Dasburg durch. Das ehemalige Schulhaus wird inzwischen von der Gemeinde als Versammlungsraum genutzt, im Dachgeschoss befindet sich eine Wohnung. Im früheren Forsthaus betreibt die Ortsgemeinde Dasburg eine Ferienwohnung und eine Außenstelle des Standesamtes Arzfeld.

Anfahrt
Dasburg liegt an der B410 in Grenz-
nähe zu Luxemburg.

ÖPNV
Buslinie 407 von Prüm (D) nach
Ettelbruck (L).

Übernachtung und Restaurant
Hotels, Pensionen und Restaurants
in Dasburg.

Erlebnisse und Veranstaltungen
Am Sonntag nach Karneval findet auf
der Burg das traditionelle Burgbrennen
statt, mit dem der Winter aus-
getrieben werden soll.
Traditioneller Weihnachtsmarkt
am zweiten Adventswochenende.

Kontakt
Burgruine Dasburg
54689 Dasburg
Geöffnet: frei zugänglich.

Burg Eltz – Märchenburg mit langem Stammbaum

Aus dem althochdeutschen Els leitet sich der schöne Frauenname Else ab, und auch die Namen des Elzbachs und der Burg Eltz. Dieser Begriff mit altkeltischen Wurzeln bezeichnet die Schwarzerle, die an Flüssen und Bächen wie der Elz beste Wachstumsbedingungen haben. Ein 70 m hoher Felskopf in einer Flussschleife der Elz lag günstig für den Bau einer Burg, weil ‚0durch das Elzbachtal ein wichtiger Handelsweg vom Moseltal ins Maifeld und in die Eifel führte. In der mehr als 850-jährigen Geschichte wurde Burg Eltz nie gewaltsam eingenommen und blieb stets bewohnbar.

Der Platz ist klein, aber hoch

Die Historiker vermuten die ersten gemauerten Burganlagen im 9. und 10. Jahrhundert. In dieser Zeit wird es bereits Herrenhöfe gegeben haben, die mit Erdwällen und Palisaden gesichert waren. Einer der ersten Burgherren, Rudolf von Eltz, unterzeichnete und besiegelte 1157 als Zeuge eine Schenkungsurkunde von Kaiser Friedrich I. Barbarossa. Aus dieser Zeit stammt der Bergfried Platt-Eltz.

Im Jahr 1268 teilten die Brüder Elias II., Theoderich und Wilhelm II. zu Eltz die Burg und ihre Ländereien untereinander auf. Die Burganlage wurde als Ganerbenburg von drei Linien des Hauses Eltz bewohnt und bewirtschaftet. Die Linie Eltz-Rodendorf „mit den Büffelhörnern" geht auf Theoderich zurück, seine Brüder entschieden sich für Löwen: Wilhelm gründet die Linie Eltz-Rübenach „vom silbernen Löwen" und Elias die Linie Eltz-Kempenich „vom goldenen Löwen". Die Namensergänzungen stammen von den jeweiligen Gattinnen, die aus Rodendorf, Rübenach und von der Burg Kempenich stammten.

Der Innenhof der Burg erzählt vom sicherlich turbulenten Zusammenleben dreier Ritterfamilien auf engstem Raum. Jede Linie baute nach den eigenen Vorstellungen munter in die Höhe. Theoderich ließ ab 1290 seinen Wohnturm „Klein Rodendorf" nördlich des alten Pallas bauen. Um 1311 folgte der von Wilhelms Sohn Johann in Auftrag gegebene Wohnturm „Rübenacher Haus". In den nächsten fünf Jahrhunderten wurde die Burganlage ungezählte Male umgestaltet und ausgebaut. Besonders eindrucksvoll sind die zwischen 1490 und 1540 gebauten „Rodendorfer Häuser". Schließlich entstanden acht Wohntürme mit mehr als 100 Räumen, in denen bis zu 100 Familienmitglieder und etwa die gleiche Anzahl von Bediensteten lebten. Obwohl von der Romanik bis zum Frühbarock alle Baustile vertreten sind, fügt sich alles zu einem harmonischen Ganzen.

Burgfrieden – eine echte Herausforderung!

Die Ganerbengemeinschaft regelte in den Burgfriedensbriefen von 1323 und 1430 das Zusammenleben auf der Burg. Versammlungen der Ritter von Eltz fanden im Rittersaal statt. Einiges erinnert bis heute daran: Die Rose des Schweigens im Rittersaal symbolisierte das Versprechen, dass das gesprochene Wort den Raum nicht verlassen solle. Die Narrenköpfe auf den Wänden des Rittersaales stehen für die Redefreiheit. Denn der Narr des Mittelalters durfte ungestraft alles sagen. Die Burg und die gräflichen Ländereien wurden als Burgfrieden bezeichnet. In der Burgverfassung war auch die Friedenspflicht detailliert geregelt. Von kleinen Unterlassungen und Vergehen bis hin zu Tötungsdelikten: „Schlägt einer innerhalb der Burg oder dem Burgfrieden jemanden tot, so soll der Täter von Stund an den Burgfrieden räumen und samt seinen Erben kein Recht mehr an Burg Eltz haben, noch an den Burgfrieden kommen, es sei denn, dass er den nächsten Erben des Erschlagenen nach deren Angabe eine für den Totschlag angemessene Strafe gezahlt hat."

Weiterer wesentlicher Bestandteil des Burgfriedensbriefs war der Tarif für das Gastrecht. Es gab keine Hotels, also war es die geheiligte Pflicht des Adels, jeden in friedlicher Absicht reisenden Besucher aufzunehmen. Die Gastfreundschaft konnte aber nicht kostenlos sein, denn nach damals geltendem Recht durfte der Gast bis zu einem Jahr verweilen. Das konnte bei einem reisenden Fürst mit seinem Gefolge ziemlich aufwendig für den Gastgeber werden, also wurde festgelegt, dass er vor seiner Aufnahme dem Baumeister der Burg ein Unterhaltungsgeld zahlte.

Die Eltzer Fehde

Einen ungebetenen Gast gab es allerdings in der Geschichte der Burg Eltz: Als der Kurfürst Balduin von Trier im Jahr 1331 sein Territorium erweitern wollte, widersetzten sich die Eltzer gemeinsam mit anderen ritterlichen Familien. Der Erzbischof antwortete mit dem ersten historisch gesicherten Kanonenangriff nördlich der Alpen, der allerdings keine einzige Beschädigung verursachte. Deshalb ließ der Angreifer die Burg Trutzeltz bauen und nutzte sie als Basis für eine Belagerung. 1336 mussten sich die Ritter von Eltz ergeben und wurden dazu gezwungen, alle wehrhaften Befestigungsanlagen zu schleifen. Übrig blieb die stattliche befestigte Wohnanlage, die bis heute für viele Besucher der Prototyp einer Märchenburg ist.

In den folgenden Jahrhunderten überstand die Burg alle größeren und kleineren Kriege unbeschadet. Dies spricht für die kluge Diplomatie der Adelsfamilie. 1786 starb die Rodendorfer Linie aus und deren Anteil fiel an die Eltz-Kempenicher. Während der französischen Besatzung ab 1794 wurde Burg Eltz der Kommandantur in Koblenz unterstellt. Graf Hugo-Philipp zu Eltz konnte bereits 1797 wieder aus seiner Emigration zurückkehren und kaufte 1815 das Rübenacher Haus. Nun war die lange Jahre dreigeteilte Burg wieder in einer Hand.

Die Ritterburg vom 500-Mark-Schein

Zwischen 1961 und 1995 zierte die Burg Eltz die Rückseite des 500-DM-Scheins. So wie die Geige und die Klarinette auf dem Zwanziger die deutsche Musik darstellten und die Gorch Fock auf dem Zehner die deutsche Weltoffenheit symbolisierte, so stand Burg Eltz für die deutsche Ritterlichkeit.

Anfahrt
A3, A61 oder A48 Richtung Münster-maifeld, weiter nach Wierschem und von dort den Wegweisern „Burg Eltz" folgen. Ab Parkplatz Antoniuskapelle 20 Minuten Fußweg oder Pendelbus zur Burg.

ÖPNV
Burgenbus Linie 330 samstags, sonn-tags und feiertags von Mai bis Oktober viermal täglich von Treis-Karden (Schiffsanleger) über Burg Pyrmont, Burg Eltz zum Bahnhof Hatzenport und zurück.

Übernachtung und Restaurant
Zwei Selbstbedienungsrestaurants: Oberschänke und Unterschänke.

Erlebnisse und Veranstaltungen
Führungen beginnen alle 10 bis 15 Min. Traumpfad Eltzer Burgpanorama, Rundwanderweg von Wierschem durch das Elzbachtal, 12,6 km.

Kontakt
Gräflich Eltz'sche Kastellanei Burg Eltz
Burg Eltz 1 | 56294 Wierschem
Telefon 02672 950500
burg@eltz.de
Geöffnet: April bis November täglich von 9:30 bis 17:30 Uhr.

····⟩ www.burg-eltz.de

Genovevaburg – Von der Legende zum Museum

Der Sage nach befand sich auf der Anhöhe im Zentrum der heutigen Stadt Mayen der Sitz des Pfalzgrafen Siegfried und seiner Gemahlin Genoveva von Brabant. Etwa um das Jahr 750 soll es sich zugetragen haben, dass Pfalzgraf Siegfried als Gefolgsmann des Königs in den Krieg ziehen musste und seine frisch angetraute Ehefrau Genoveva allein zurückblieb. Siegfried beauftragte seinen Burgvogt Golo, sein Schloss und seine Gemahlin gut zu bewachen. Doch er täuschte sich in seinem Statthalter, denn dieser begehrte die junge Gräfin zu sehr. Genoveva verschmähte seine Annäherungen und all sein Werben. In seiner Ehre gekränkt, beschuldigte er sie des Ehebruchs mit einem Koch und verurteilte sie zum Tode. Genoveva sollte vom Jäger in den Wald geführt und getötet werden. Ihm kamen aber Bedenken und er brachte die Bluttat nicht übers Herz. Er verschonte sie und ließ sie im tiefen Wald zurück.

Genoveva fand eine trockene Höhle, in der sie einen Sohn gebar. Sie ernährte sich von Beeren, Kräutern und Wurzeln. Die Mutter Gottes kam der jungen Mutter zur Hilfe, indem sie ihr eine Hirschkuh schickte, die ihnen Milch spendete. Zwischenzeitlich war Siegfried aus dem Krieg heimgekehrt. In seinem tiefsten Herzen konnte er den Vorwurf seines Statthalters nicht glauben und betrauerte den frühen Verlust seiner großen Liebe. Es sollte bis zum siebten Lebensjahr des Jungen dauern, bis der Pfalzgraf ihn zusammen mit seiner Mutter im Wald fand. Ein Blick in das Antlitz des Jungen genügte, um zu erkennen, dass nur er der Vater sein konnte.

Zum Dank für Genovevas Errettung errichtete er eine Wallfahrtskirche und ließ den hinterhältigen Golo vierteilen. Ihre Existenz ist historisch nicht belegt, aber die Legende lebt in den Überlieferungen der Region fort. Auch der Name der Genovevaburg mit ihrem Goloturm erinnert an diese anrührende Geschichte.

Eine Burg zur Sicherung Kurtriers

Zu den Fakten: Als die Burg 1281 erstmals urkundlich erwähnt wurde, war der Bau schon so weit fortgeschritten, dass von einem Baubeginn im Jahr 1280 ausgegangen wird. Bauherr war der Trierer Kurfürst Heinrich II. von Finstingen, er benötigte diesen Standort zur Sicherung der Trierer Interessen gegenüber Kurköln. Diese erste Burg wird heute als Oberburg bezeichnet. Die siebeneckige Anlage wird von dem 34 Meter hohen Bergfried beherrscht, in dem sich ein Verlies befand. Die Mayener Bürger hätten darin sicherlich gerne den Fiesling aus der Genovevasage gesehen, denn sie nennen den Bergfried seit Jahrhunderten nur den „Goloturm".

Bereits im Jahr 1291 gelang es seinem Nachfolger Bohemond von Warnesberg, dem Ort Mayen zu seinen Stadtrechten zu verhelfen. Über 400 Jahre blieb die Mayener Burg unversehrt. Dann marschierten im Pfälzischen Erbfolgekrieg die französischen Truppen ein. General Henri d'Escoubleau ordnete am 6. Mai 1689 an, das Gebäude niederzubrennen.

Schon 1690 begann Erzbischof Johann Hugo von Orsbeck mit einem umfangreichen Wiederaufbau und zahlreichen Erweiterungen. Unter der Leitung seines Hofbaumeisters Philipp Honorius von Ravensteyn wurde die alte Bausubstanz saniert. Die Ecktürme erhielten geschweifte Hauben und die Wehrgänge wurden neu überdacht. Die gotischen Spitzbogenfenster wurden durch barocke Doppelfenster ersetzt. Schließlich ließ der Kurfürst ab 1707 unterhalb der bereits bestehenden Burg einen kleinen Burghof mit Stallungen und Marstall aus Basaltlava erbauen, die heutige Unterburg.

Brauerei, Märchenschloss und Museum

Nachdem die Genovevaburg unter französischer Herrschaft zum Nationaleigentum erklärt worden war, begannen schlechte Zeiten für das alte Gemäuer. Im Sommer 1803 wurde die Anlage versteigert und von dem Ersteigerer sofort auf Abriss verkauft. Das Amtshaus, der Ostturm und die Oberburg wurden Stein für Stein davongetragen. In kurzer Folge wurde die Burg von einem Friedensrichter und einer Brauerei für ihre Zwecke genutzt. Gegen den Brauereiausschank mit dem Gasthaus hatte kaum jemand etwas auszusetzen, doch selbst geduldige Zeitgenossen waren unglücklich über die Nutzung des Bergfrieds als Getreidesilo.

Im Jahr 1880 ging die Burg in das Eigentum einer Aktionärsgemeinschaft der Mayener Volksbank über und diese verkaufte sie 1893 an einen Kaufmann, der sich bei seinen Umbauaktivitäten den Traum von einem eigenen Märchenschloss mit vielen Elementen der Neorenaissance erfüllte. Doch schon 1902 wurden große Teile der renovierten Burg Opfer eines verheerenden Brandes.

Bald zeichnete sich ein glücklicher Ausgang der Burggeschichte ab: Im Jahr 1910 kaufte der Ingenieur Arend Scholten die Burg und begann unmittelbar nach Ende des Ersten Weltkriegs mit dem Wiederaufbau nach historischen Unterlagen. Dabei wurden die Ende des 19. Jahrhunderts ergänzten Bauteile wieder entfernt, wenn sie zu märchenhaft waren und nicht zum historischen Vorbild passten. Im wieder aufgebauten Marstall richtete er 1921 das Eifelvereins-Museum ein, das später Eifeler Landschaftsmuseum hieß und heute unter dem Namen Eifelmuseum fortgeführt wird.

Die Stadt Mayen erwarb 1938 die Burg. Trotz erheblicher Kriegsschäden nutzten ab 1945 die Mayener Stadtverwaltung und eine Landwirtschaftsschule das Gebäude, der Wiederaufbau war 1984 beendet. Heute wird die Burg weiterhin als Eifelmuseum genutzt, außerdem beherbergt sie die über 10.000 Bände starke Eifelbibliothek. Ganze 16 Meter unter der Burganlage befindet sich das Deutsche Schiefermuseum mit einem 350 Meter langen Stollensystem.

Anfahrt
Von Norden A61, Ausfahrt Maria Laach/Mayen, aus den anderen Richtungen A48, Ausfahrt Mayen, danach B26 Richtung Mayen.

ÖPNV
DB Bahnhof Mayen West.

Übernachtung und Restaurant
Großes Angebot im Mayener Stadtzentrum.

Erlebnisse und Veranstaltungen
Die Burgfestspiele Mayen finden jährlich von Mai bis August im Innenhof der Burg statt.

Eifelmuseum und Deutsches Schieferbergwerk im Gebäude
Auf dem Jakobsweg erreichen Sie nach einer schönen Halbtagswanderung die Monrealer Burgen. Zurück geht's mit der Bahn.

Kontakt
Genovevaburg
Mario-Adorf-Burgweg 1 | 56727 Mayen
Telefon 02651 498508
Geöffnet: täglich außer Freitag 10–17 Uhr, in den Ferien von Rheinland-Pfalz und Nordrhein-Westfalen täglich, Winterpause 15.1. bis 15.2.

21

Schloss Hamm – Der mittelalterliche Herrschaftssitz

Es gibt wohl kaum eine günstigere Stelle für den Bau einer Burg als einen Bergsporn, der an drei Seiten von der Prüm umflossen wird. Schon zur Zeit der Völkerwanderung bot die Alte Burg den Bewohnern umliegender Gutshöfe Schutz vor Angreifern. Ein Becelinus von Hamm wurde bereits 1026 urkundlich erwähnt, wahrscheinlich bewohnte er diese Fliehburg. Sie tauchte 1052 erstmals in einer Urkunde auf.

Enge Bindungen nach Vianden

Die Grafen von Hamm wurden im 11. Jahrhundert Schutzvögte für die Abtei Prüm. Bertolf, der erste Graf von Vianden, stammte aus dem Haus Hamm. Doch die Grafen von Hamm waren nicht nur die Vorfahren der Grafen von Vianden, sondern hatten im Laufe der Geschichte immer wieder enge verwandtschaftliche und geschäftliche Kontakte miteinander. Im Jahr 1220 müssen sie sogar Eigentümer der Burg Hamm gewesen sein, denn Heinrich I. von Vianden trug sein Allod zu Hamm und sein Schloss Vianden dem Erzbistum Köln zu Lehen auf.

Die ältesten erhaltenen Teile des Schlosses datieren in das 14. Jahrhundert. Zu dieser Zeit wurde die damalige Burg Hamm ausgebaut. Dabei entstand eine mächtige Ringmauer mit Schießscharten, die einen rund 3000 Quadratmeter großen Innenhof umgibt. Der 20 Meter hohe runde Bergfried mit seinen zweischaligen Mauern und der dreigeschossige, rechteckige Torturm werden auf die gleiche Zeit datiert.

Mit dem Tod Gerhards I. von Hamm im Jahr 1346 endete die männliche Linie. Die letzte Namensträgerin war Maria von Hamm, mit ihrer Heirat ging die Herrschaft Hamm 1371 an die Familie ihres Ehemanns Friedrich I. von Milburg. Irmgard von Milburg heiratete 1509 Heinrich von Malberg und der gemeinsame Sohn Wilhelm übernahm noch zu Lebzeiten seiner Eltern die Burg Hamm. Seine Tochter Anna Maria fand Gefallen an der Burg und baute zusammen mit ihrem Ehemann Gerhard von der Horst zu Heimerzheim um 1586 den prächtigen Renaissancepalais mit den beiden Rundtürmen. Das aktuelle Erscheinungsbild der Anlage wird durch die renaissancezeitlichen Umbauten der Familie von der Horst geprägt.

Ihr Nachfahre Gerhard-Ernst von der Horst hinterließ 1697 seine Kinder Karl-Lothar und Anna Apollonia, die das Erbe teilten. Anna Apollonia war mit dem Grafen Franz-Ferdinand von Lannoy verheiratet, die beiden übernahmen Hamm und bauten 1700 eine neue Schlosskapelle.

Ein tragisches Unglück

Während der Französischen Revolution blieb Schloss Hamm zwar unversehrt, aber die Familie Lannoy verlor viele linksrheinische Lehen und damit die Einnahmen, die zum Unterhalt des Gebäudes nötig gewesen wären. Die Bausubstanz verfiel allmählich. Das rächte sich im Jahr 1835.

Der Rittersaal im Palas brach wegen Überlastung in sich zusammen. Bei diesem Unglück befanden sich zahlreiche Menschen in dem Saal und den darüber liegenden Räumen. Viele von ihnen fanden unter den Trümmern den Tod. Die Grafen von Lannoy mieden danach das Schloss mit den Palasttrümmern und zogen sich vollkommen auf ihren Hauptsitz in Clerf zurück. Sie überließen das Schloss ihren uninteressierten Amtmännern und damit dem weiteren Verfall.

Liebevoller Wiederaufbau

Eine Nachfahrin mit dem wohlklingenden Namen Baronin Sidonie von Tornaco und ihr Gemahl Graf Friedrich von Renesse interessierten sich 1885 für das verwaiste Schloss und sanierten es von Grund auf. Im Jahr 1887 zogen sie in die vier letzten bewohnbaren Räume und begannen mit großem Elan einen umfassenden Wiederaufbau, der 15 Jahre dauern sollte. Der Wohnbau und das Haupttor wurden aufgebaut, die beiden Flügel der Vorburg erneuert und aufgestockt. Wo vorher der eingestürzte Palas stand, legten sie eine Terrasse an. Ein offener Wehrgang mit Zinnen verstärkte die Ringmauer und der Bergfried erhielt eine Wehrplattform mit Brüstung. Die Gräfin baute den Schlossgarten aus und legte Themenwege wie den Gräfinsweg und den Überraschungsweg an. Sie war auch die treibende Kraft, als das Gartenzimmer und der Springbrunnen gebaut wurden. Mit der Fertigstellung der Schlosskapelle im Jahr 1902 wurde die Instandsetzung abgerundet. Entstanden war ein prachtvoller Edelherrensitz. Mit dem gleichen Eifer, Sammelleidenschaft und ausgezeichnetem Kunstsachverstand statteten sie und ihre Nachkommen das Schloss mit den feinsten Kunstobjekten aus.

Sidonies Tochter Elisabeth heiratete Egon Graf von und zu Westerholt und Gysenberg im Jahr 1909. Sie erbte Schloss Hamm im Jahr 1928 und übertrug es ihrem Sohn Otto. Zwei Tage vor dem Einmarsch der Amerikaner 1945 legte die SS ein Feuer im Renaissancepalais und im angrenzenden gotischen Bau. Dies gehörte vor Kriegsende zu ihrer Politik der verbrannten Erde, bei ihrem Rückzug wollten die deutschen Truppen den Alliierten kein deutsches Kulturgut hinterlassen. Das historische Mobiliar und die erlesene Kunstsammlung wurden unwiederbringlich zerstört. Graf Otto behob die Schäden an der Bausubstanz 1958 mit einem aufwendigen Wiederaufbau. Leider konnten nur die Hoffront und die westliche Außenmauer gerettet werden. Alle anderen Gebäudeteile wurden niedergelegt und 1960 durch einen Neubau ersetzt, der zwei Geschosse weniger hat.

Nach Graf Ottos Tod übernahm sein Sohn Ferdinand 1980 das Schloss Hamm. Einige Bereiche werden weiterhin von der Grafenfamilie genutzt, andere sind als Ferienwohnungen, bei Führungen, für Hochzeiten und während Kulturveranstaltungen zeitweilig für die Öffentlichkeit zugänglich.

Anfahrt
A60 Ausfahrt Bitburg, B51 Richtung Bitburg/Luxemburg, dann rechts Richtung Stausee, von dort ist das Schloss ausgeschildert.

ÖPNV
DB Trier Hauptbahnhof, Bus 400 bis Bitburg ZOB, Bus 432 Richtung Waxweiler, Haltestelle Hamm, Ort.

Übernachtung und Restaurant
Zwei Ferienwohnungen im Schloss.

Erlebnisse und Veranstaltungen
Beim jährlichen Eifelmarathon ist im Hof von Schloss Hamm der halbe Weg geschafft. 15 Minuten Fußweg zum Bitburger Stausee.

Kontakt
Schloss Hamm
54636 Hamm
Telefon 06569 96290
·····⟩ https://schlosshamm.de

Hardtburg – Die Wasserburg auf dem Berg

Sie steht auf einem Hügel und ist dennoch keine Höhenburg. Denn viel entscheidender für die Abwehr von Eindringlingen war der Wassergraben, der sie umgibt. Die Hardtburg wird auf das ausgehende 11. oder frühe 12. Jahrhundert datiert, denn sie wird mit einer edelfreien Adelsfamilie Hardt in Verbindung gebracht, die ab 1105 mehrfach urkundlich in Erscheinung trat. Die Burg selbst wurde erstmals 1166 erwähnt. Vermutlich entstand der quadratische Wohnturm mit den drei Geschossen um 1200. Er wurde im Stil einer Turmhügelburg leicht erhöht auf einem künstlich angelegten Erdhügel errichtet. Das Erdreich für diese Motte stammt aus dem Aushub des Burggrabens. Eine Vorburg gab es zunächst nicht.

Der Thronstreit

Im Jahr 1205 beging in Köln der Erzbischof Adolf von Altena einen Fehler, der bis in den Hardtwald ausstrahlen sollte: Er war 1193 Erzbischof von Köln geworden und hatte im folgenden Jahr für die Freilassung König Richards I. von England gesorgt. Im Thronstreit zwischen den Staufern und den Welfen wechselte er mehrfach die Seiten.

Als 1197 Kaiser Heinrich VI. überraschend starb, war sein einziger Sohn Friedrich erst zwei Jahre alt. Ein Kleinkind als König passte nicht in die rauen Zeiten. Rivalisierende Fürstengruppen wählten 1198 zwei Könige. Erzbischof Adolf erkannte, dass er finanziell von den Kölner Patriziern abhängig war, die in engen Handelsbeziehungen mit England standen. Richard Löwenherz brachte seinen Neffen Otto von Braunschweig ins Gespräch und sofort führte Erzbischof Adolf dessen Unterstützer an. Im Juli 1198 krönte er den Welfen Otto zum deutschen König. Papst Innozenz III. begrüßte diese Krönung, denn sie schwächte die Macht der Staufer in Italien.

König Otto zeigte in der Folgezeit ein Verhalten, das den Erzbischof Adolf schon bald an der Richtigkeit seiner Entscheidung zweifeln ließ. Er wechselte die Seiten und krönte im Januar 1205 den Staufer Philipp von Schwaben zum deutschen König. Der Papst war davon so irritiert, dass er Adolf um einen persönlichen Bericht bat. Dieser nahm die päpstliche Anfrage wohl nicht besonders ernst und sah von einer Reise ab. Der Papst reagierte erzürnt, belegte Adolf mit einem Bann und setzte ihn ab.

Bruno von Sayn trat seine Nachfolge an. Die Mehrheit in der Bevölkerung und im Klerus hielt zu seinem Entsetzen an Adolf fest. Das Rheinland erzitterte unter den folgenden Kämpfen. Um sich Anerkennung zu verschaffen, trat Bruno mit besonderer Härte auf. Er plünderte die Besitzungen der Grafen von Jülich und Hochstaden, und so nahm er im September 1205 auch die Hardtburg ein, die dabei stark beschädigt wurde.

Kurkölnischer Amtssitz

Die Hardtburg wurde in der Folge wiederhergestellt und umgebaut. Die innere Ringmauer wurde verstärkt, wahrscheinlich entstand nun auch eine erste Vorburg. Diese Bautätigkeit könnte von der Grafenfamilie von Are-Hochstaden veranlasst worden sein, die sie im Jahr 1246 an das Kölner Erzbistum übertrug. Konrad von Hochstaden war der Kölner Erzbischof und erweiterte mit seinem Familienerbe das kurkölnische Territorium. In die Geschichtsbücher ging dies als Hochstadensche Schenkung ein, zwei Jahre später machte sich der Schenker mit der Grundsteinlegung zum Kölner Dom unsterblich.

In den 1330er-Jahren entwickelte sich die Hardtburg zu einem Verwaltungszentrum für die erzbischöflichen Besitzungen im Raum Euskirchen. Deshalb übertrug der Kölner Erzbischof Walram von Jülich im Jahr 1341 die Hardtburg und das Amt Hardt als Lehen an Ritter Arnold von Bornheim und Dietrich Pythane von Nörvenich. An dieses Lehen war die Bedingung geknüpft, die Burg neu zu befestigen. Die Vorburg und der Zwinger wurden vermutlich von diesen Lehnsmännern erbaut. Die Burganlage war nun mit dem Wassergraben auf stattliche 155 x 107 Meter angewachsen.

Der Ringgraben wurde ursprünglich auf einer Zugbrücke überschritten, die später durch eine feste Brücke und schließlich durch einen Erddamm ersetzt wurde. Dahinter schloss sich ein Torturm mit Fallgatter an, hinter dem man die Vorburg erreichte. Zwischen Vorburg und Hauptburg boten ein Halsgraben und ein Zwinger weiteren Schutz. Nachdem die Grafen von Jülich die Stadt Euskirchen 1355 in ihren Besitz gebracht hatten, verlor die Hardtburg wieder an Bedeutung. Der Bau blieb Eigentum des Kölner Erzbistums und wurde weiterhin von Amtleuten verwaltet. Diese wohnten aber schon bald nicht mehr auf der abgelegenen Burg.

Als im 15. Jahrhundert Feuerwaffen und Kanonen aufkamen, verlor die Hardtburg jeden militärischen Wert. Weder der Wassergraben noch die Ringmauer boten einen Schutz gegen die moderne Durchschlagskraft, denn an einigen Stellen ist die Burgmauer nur 60 Zentimeter dick.

Zeichnungen aus dem Jahr 1725 belegen, dass die Kernburg damals bereits in einem ziemlich schlechten baulichen Zustand war. Karl Leopold Graf von Belderbusch war von 1777 bis 1794 der letzte Amtmann des Amtes Hardt. Dann besetzten die Franzosen das Rheinland und alle kirchlichen Güter wurden säkularisiert.

In der gut erhaltenen Vorburg befindet sich seit der Preußenzeit die staatliche Revierförsterei. Für Besucher erfolgte der Zugang bis vor wenigen Jahren über eine Holzbrücke, die den Wassergraben auf Höhe des Zwingers überspannt. Leider ist sie marode und muss ausgetauscht werden, ferner gefährden lose Steine in der Burgruine die Verkehrssicherheit.

Anfahrt
A1 Ausfahrt Euskirchen, B264 bis
Euskirchen, B51 nach Euskirchen-
Kirchheim, von da Richtung Euskirchen-
Stotzheim, dort der Ausschilderung zur
Hardtburg folgen.

ÖPNV
Keine Anbindung an Bus und Bahn.

Übernachtung und Restaurant
Hotels und Gastronomie in Euskirchen.

Erlebnisse und Veranstaltungen
Ein Wanderweg verläuft rund um
die Burganlage. Ferner führen der
Römerkanal-Wanderweg und der
Jakobsweg an der Burg entlang.

Kontakt
Hardtburg
53881 Euskirchen-Stotzheim
Geöffnet: bis zum Abschluss der
Sicherungsarbeiten nur von außen
zu besichtigen.

Burg Hengebach – Wehrhafter Außenposten der Jülicher

Wo der Heimbach in die Rur mündet, erhebt sich die Burg Hengebach auf einem Felssporn aus der geschützten Talmulde. Sie wird manchmal auch Burg Heimbach genannt, weil sich niemand den Ort Heimbach ohne die Burg vorstellen kann. Archäologische Befunde belegen, dass schon die Römer eine Furt durch die Rur mit einer Wehranlage schützten.

Eine der ältesten Burgen der Eifel

Die ersten Anfänge der Burg Hengebach liegen wahrscheinlich im späten 10. oder im frühen 11. Jahrhundert. Bereits 1011 wurde eine Burg Hengibach als Besitz eines Godizo von Aspel-Heimbach genannt, der wohl zum Limburger Grafengeschlecht gehörte. Er tauchte bereits um das Jahr 1000 in den Aufzeichnungen des Benediktinermönchs Alpertus von Metz auf.

Gottfried, wie Godizo in seiner Heimat hieß, setzte in seinem Testament den Grafen Gerhard III. von Metz zum Erben ein. Dieser war der Vogt von Godizos Töchtern Irmingardis und Ermintrudis. Nach Godizos Tod heiratete seine Witwe Gerhard von Monterberg. Das konnte sich Graf Gerhard nicht bieten lassen. Er zog aus Lothringen zur Burg Hengebach und belagerte sie gemeinsam mit seinem Verbündeten Balderich von Drenthe, einem der größten Unruhestifter seiner Zeit. Gerhard von Monterberg wurde in einem Hinterhalt getötet und dessen Burgmannen ergaben sich. Doch nicht Graf Gerhard III. von Metz zog nun ein, sondern der inzwischen aus seinen eigenen Besitztümern vertriebene Graf Balderich. Er war nach der Ermordung des Grafen Wichmann einer der beiden Tatverdächtigen und floh zu Gerhard III. von Metz, der ihm bis zu seinem Tod im Jahr 1021 seine Burg an der Rur überließ. Godizos Tochter Ermintrudis zog nach Balderichs Tod in die Burg Hengebach. Durch Heirat gehörte die Burg nun verschiedenen rheinischen Adelsfamilien, kam aber 1075 auf Umwegen in die Hände von Godizos Urenkel Ethelger, der in Urkunden als Herr von Hengebach genannt wurde.

Die Herren von Hengebach bauten um das Jahr 1200 die ovale Ringburganlage aus rotem Buntsandstein auf dem steilen Grauwackefelsen. Zur damals entstandenen Kernburg gehörte der Bergfried mit einem quadratischen Untergeschoss und zwei runden Obergeschossen. Bergfried und Palas wurden an der steil zur Rur hin abfallenden Südseite angelegt, die Wirtschaftsgebäude befanden sich auf der zum Ort gelegenen Seite. Der Zugang erfolgte über eine Zugbrücke.

Die Grafen von Jülich kommen nach Heimbach

Die Familie von Hengebach stand in verwandtschaftlichen Beziehungen zu den Grafen von Jülich. Durch Erbfolge stieg 1207 Wilhelm von Hengebach zum Grafen von Jülich auf. Mit dem Tod von Everhard II. um 1234 endete die Herrschaft der Hengebacher. Sein Neffe Graf Wilhelm IV. von Jülich vereinigte die Jülicher und Heimbacher Territorien.

Der ohnehin schon lange schwelende Streit um Lehensansprüche zwischen Jülich und Kurköln wurde dadurch weiter befeuert. 1254 annektierte der Kölner Erzbischof Konrad von Hochstaden die Herrschaft Hengebach und überließ sie den Jülichern als Lehen. Graf Wilhelm IV. und sein Erstgeborener Roland wurden 1278 bei einem Streit um Steuern von Aachener Bürgern erschlagen. Walram von Jülich, der als zweiter Sohn eigentlich die geistliche Laufbahn einschlagen sollte, beerbte seinen Vater. Er war ebenfalls ein erbitterter Gegner der Erzbischöfe von Köln und kämpfte im Limburger Erbfolgestreit an der Seite des Herzogs von Brabant. Nach dem gemeinsamen Sieg bei der Schlacht von Worringen konnte er 1289 erreichen, dass Kurköln auf alle alten Lehensansprüche verzichtete.

Die Blütezeit der Burg Hengebach lag wahrscheinlich im 13. und 14. Jahrhundert. Die Jülicher Grafen machten die Burg zum Mittelpunkt eines eigenen Amtes. Markgraf Wilhelm von Jülich erhob den Burgort Heimbach 1343 sogar zur Stadt. In dieser Zeit wurde die Burganlage an der Ostseite mit einer starken Doppeltoranlage und einem schmalen, gassenartigen Zwinger versehen.

Heimbach erlebte traurige Zeiten

Während der Jülicher Fehde hatte die Burg 1542 einige Schäden abbekommen. Die Pest wütete mehrfach im Ort. Besonders dramatisch spitzte sich die Lage zu, als im Dreißigjährigen Krieg die Pestwellen und militärischen Angriffe gleichzeitig kamen. Im Jahr 1635 folgten der Pest die Söldner aller Kriegsbeteiligten, sie zogen brandschatzend, plündernd und mordend von Ort zu Ort und ließen auch Heimbach nicht aus. Man war noch nicht mit der notdürftigen Reparatur der Burg fertig, als die französischen Truppen unter General Melac im Jahr 1678 einfielen und erhebliche Schäden verursachten. Sie gingen so brutal und unbarmherzig vor, dass die Bewohner von Burg und Ort in die umliegenden Wälder flüchteten.

Doch damit nicht genug: Beim großen Stadtbrand im Jahr 1787 verbrannten 180 Häuser im Heimbachtal. Alle Holzbauten von Burg und Kirche wurden vernichtet. Das gesamte Kirchenarchiv ging unwiederbringlich in Flammen auf. Im Jahr 1794 marschierten in Heimbach erneut französische Soldaten ein. Der französische Staat verkaufte die Burgruine 1804 als Steinbruch, er wurde 1904 wegen Einsturzgefahr aufgegeben. Die Burg sollte dem Erdboden gleichgemacht werden.

Das wollten die Bewohner des Umlandes nicht zulassen. Sie gründeten den Verein zur Erhaltung der Burgruine Heimbach, der die Ruine erwarb und mit umfangreichen Sicherungen begann. Der Kreis Schleiden kaufte die Burg 1935, ab 1970 wurde der vollständige Wiederaufbau aus öffentlichen Mitteln finanziert. So sehr man es begrüßen mag, dass nun ein Aufzug für eine gewisse Barrierefreiheit sorgt, so umstritten ist die moderne Architektur inmitten alter Bausubstanz. Die Burg wird aktuell als Internationale Kunstakademie genutzt.

Anfahrt
Von der A1 Ausfahrt Euskirchen oder von der A4 Ausfahrt Düren jeweils auf der B56 bis zur B265. Von der A61 direkt auf die B265. In Vlatten rechts auf der L218 bis Heimbach.

ÖPNV
DB Bahnhof Düren, mit der Rurtalbahn bis Heimbach Bf, weiter zu Fuß an der Rur entlang oder mit dem Bus 231.

Übernachtung und Restaurant
Gastronomie und Unterkünfte im Burgort Heimbach.

Erlebnisse und Veranstaltungen
Die Abtei Mariawald, ein Trappistenkloster mit Likörfabrik ist nur sechs Autominuten oder eine halbe Wanderstunde von der Burg entfernt.

Kontakt
Burg Hengebach
Mariawalder Straße 6
52496 Heimbach
Geöffnet: Die Hofräume, der Wehrgang und der Burgfried sind frei zugänglich.

Kasselburg – Ein Zuhause für Wölfe und Adler

Hoch über dem Kylltal thront die Kasselburg weithin sichtbar auf einem mächtigen Basaltfelsen. Bei einer Besichtigung lassen sich Kultur und Natur verbinden, denn die Burg ist Teil eines Adler- und Wolfsparks. In den alten Burgmauern stehen heute geräumige Volieren, auf der Turnierwiese finden Flugvorführungen mit Greifvögeln statt und im Schlosswald lebt das größte Wolfsrudel Westeuropas. Die Timberwölfe variieren in der Fellfarbe von weiß bis schwarz über alle Braun- und Grautöne.

Der Doppelturm als Wahrzeichen

Vermutlich wurde im 12. Jahrhundert eine erste wehrhafte Höhenburg auf der 490 m hohen Basaltkuppe gebaut. Wer der ursprüngliche Erbauer war, ist nicht gesichert. Mitunter wird sie den Herren von Castel zugeschrieben, vielleicht entstand der Name auch nur aus dem Wort Castel (= Burg) und enthält keinerlei Hinweise auf den Erbauer.

Fest steht, dass die Burganlage im folgenden Jahrhundert mehrfach erweitert wurde: Um das Jahr 1200 entstand der quadratische Burgfried, danach folgten eher repräsentative Bauten wie der 37 Meter hohe Wohnturm. Er besteht aus zwei miteinander baulich verbundenen Türmen mit acht Stockwerken und entstand in mehreren Bauabschnitten, die markante runde Form wird auf das Jahr 1337 datiert. Sogar der Bergfried wurde zu Wohnzwecken weiter aufgestockt. Es müssen friedliche Zeiten gewesen sein, in denen die jeweiligen Burgherren sich bei den Bauarbeiten von ihren Eitelkeiten leiten lassen konnten, um prächtige Wohngebäude präsentieren zu können. So misst der Palas üppige 33 Meter und wurde von bis zu 3,50 m breiten Kaminen beheizt.

Der ovale Burgbering ist etwa 90 Meter lang und 70 Meter breit. Steile Felswände und mächtige Basaltblöcke bieten nach Süden und Osten einen natürlichen Schutz vor Eindringlingen und Angreifern. Im Norden und Westen wurden Gräben und Wälle angelegt.

Eine Urkunde aus dem Jahr 1291 nennt die Grafen von Blankenheim als Eigentümer der Castilburg, die 1314 in einer anderen Urkunde Castilberch genannt wurde. Im Schulterschluss mit den Grafen von Manderscheid beherrschten sie in den folgenden Jahrhunderten große Teile der Eifel. Sie zogen auch die Herrschaft Gerolstein mit der Löwenburg an sich. Durch Heirat ging die Burg an Wilhelm I. von Loen und Heinsberg. Die neue Linie Kasselburg-Loen ging unter, die Burg erlebte etliche Eigentümerwechsel. Auch die Grafen von der Mark und die Herzöge von Arenberg gehörten dazu.

Das war dem Trierer Erzbischof und Kurfürsten ein Dorn im Auge, der deshalb Mitte des 15. Jahrhunderts die Burg übernahm oder einnahm, darüber sind sich die Geschichtsschreiber nicht ganz einig. In der erzbischöflichen Zeit entstanden die Vorburg, der Herrschaftshof und einige Wehrmauern. Hinzu kamen weitere Gebäude für die Besatzung der Burg, zum Teil auch außerhalb der Burgmauern. Etwa im Jahr 1450 wurde das Torhaus an das Außentor gebaut, mit dem der moderne Besucher seinen Rundgang beginnt.

1512 durfte Graf Diedrich von Manderscheid-Blankenheim die Burg zurückkaufen. Dessen Freude wurde aber gedämpft, denn er musste sich dazu verpflichten, alle wehrhaften Teile der Burganlage zu demolieren und die Burganlage wehrlos zu machen. Bei genauerem Hinsehen fällt dem heutigen Besucher auf, dass sich Diedrich offenbar nicht an diese Klausel hielt.

Das Reichskammergericht entscheidet

Immer wieder kam es zu Erbstreitigkeiten, sie führten 1674 sogar zu einem Verfahren vor dem Reichskammergericht zu Speyer, in dessen Urteil die Kasselburg dem Herzog von Arenberg zugesprochen wurde. Die Burg war in einem schlechten Zustand und er verlor schnell das Interesse daran. Er ließ sie als Kaserne für seine Artillerie einrichten, seine Nachfahren überließen sie einem Förster. Das Jahr 1744 war vermutlich der Tiefpunkt der Kasselburg, denn sie wurde mit „modo" eingetragen, das war die damalige Bezeichnung für ein verfallenes Gebäude.

Als die französischen Revolutionstruppen Ende des 18. Jahrhunderts das Rheinland besetzten, blieb auch die Kasselburg nicht verschont. 1794 wurde sie französisch.

Die Rettung kam auf Schienen

Ab 1815 kam sie in preußischen Besitz und verfiel weiter. Welch ein Glück, dass der Preußenkönig Friedrich Wilhelm IV. sich für alte Gebäude an Rhein und Mosel begeisterte. Im Jahr 1838 regte er nach einem Besuch der Kasselburg an, die Anlage mit ihrem damals schon berühmten Doppelturm zu erhalten.

Die eigentliche Rettung kam mit dem Bau der Eisenbahnstrecke durch das Kylltal gegen Ende des 19. Jahrhunderts. Die Bahngesellschaft spendete ganze 1000 Taler für die Restaurierungsarbeiten, „um den Reisenden an der Bahnstrecke Köln – Trier etwas zu bieten". Dieser Geldbetrag war der Grundstock für die Sanierung des Doppelturms und weitere Erhaltungsarbeiten.

Seit 1946 ist die Kasselburg Eigentum des Landes Rheinland-Pfalz. Die staatliche Schlösserverwaltung veranlasste in den Folgejahren mehrfach Erhaltungsmaßnahmen. Die unmittelbare Betreuung liegt in den Händen der Wildparkverwaltung.

Anfahrt
B410 nach Gerolstein, dort auf der K33 zur Kasselburg.

ÖPNV
DB Bahnhof Gerolstein, Bus 500 Richtung Cochem, Haltestelle Pelm Abzw. Glees, etwa 15 Minuten Fußweg.

Übernachtung und Restaurant
Forsthaus Kasselburg, www.forsthaus-kasselburg.de

Erlebnisse und Veranstaltungen
Die Burganlage ist Teil des Wildparks. Flugvorführungen sind täglich außer montags um 11 und 15 Uhr, die Wolfsfütterung ist an diesen Tagen um 11:45 und 15:45 Uhr, montags schon um 15 Uhr.
Ritterspiele, Falknertage, Wolfsnächte und Weihnachtsmärkte stehen im Jahresprogramm.
Rundwanderwege Gerolsteiner Keltenpfad und Gerolsteiner Acht.

Kontakt
Adler- und Wolfspark Kasselburg
Auf der Kasselburg 3
54570 Gerolstein-Pelm
Telefon 06591 4213

····> www.adler-wolfspark.de

Kronenburg – Touristische Perle im oberen Kylltal

Im Lauf der Jahrhunderte gab es zahlreiche Wechsel in der Herrschaft über Kronenburg. Die gute strategische Lage und die Schönheit der Natur machte sie zu einem beliebten Domizil für Herrschende und Erholungssuchende – oft sogar in einer Person, wie bei Napoleon Bonaparte und Konrad Adenauer.

Alte Burg

Der Burgort trägt den Namen einer Höhenburg, die bereits 1277 erstmals in einer Urkunde der Reichsabtei Stablo-Malmedy erwähnt wurde. Kronenburg wurde zu dieser Zeit vom Rittergeschlecht der Edlen von Dollendorf beherrscht.

Ab 1327 änderten die in Kronenburg lebenden Dollendorfs ihren Namen und entwickelten damit eine eigene Kronenburger Linie. Ritter Peter von Kronenburg begab sich aus Geldnot unter die Lehenshoheit der Grafen von Luxemburg. Als er 1414 ohne männliche Nachkommen starb, fiel die Herrschaft Kronenburg an eine ganze Reihe von Grafengeschlechtern, zuletzt in den Besitz der Grafen von Manderscheid. Manderscheid gehörte damals zum Herzogtum Luxemburg, das in dieser Zeit zu den spanischen Niederlanden gehörte. Das führte im Jahr 1555 dazu, dass Kronenburg unter spanische Herrschaft kam. Bis heute trägt es deshalb die Bezeichnung „Spanisches Ländchen".

Die Burg verfiel seit Mitte des 18. Jahrhunderts und wurde in der Folge als Steinbruch für Neubauten im Ort und für das Burghaus genutzt. Nur noch einige wenige Mauerreste lassen die ursprüngliche Größe und Schönheit erahnen.

Burghaus und Villa

Die alte Burg war in einem sehr schlechten Zustand; deshalb ließ der Graf von Blankenheim 1760–1766 unterhalb der Ruine ein neues Burghaus errichten, u. a. aus Steinen der alten Burg. Dabei hatte er keine typische Burganlage im Sinn. Er benötigte ein Gebäude zur Verwaltung seiner Ländereien und Eisenhütten. Der damalige Amtswalter J. Faymonville hatte hier ab 1769 seine Amtswohnung. Das Haus befand sich noch etwa 200 Jahre im Besitz seiner Nachfahren.

Im Jahr 1794 besetzten die Franzosen den Ort und machten „Cronenburg" zum Kantonalhauptort im Departement Ourthe. Kaiser Napoleon Bonaparte wohnte 1804 einige Tage im Burghaus und beschwerte sich beim damaligen Bürgermeister Herrn Faymonville bitterböse über dessen Revierförster. Er bezeichnete diesen als einen „Postillion und Säufer" und konstatierte, dass der Förster 719 Eichen zu Unrecht gefällt habe, und forderte 2200 Francs dafür. Dieser Brief ziert bis heute die Napoleon-Suite im Burghaus.

Gastfreundschaft hat Tradition in Kronenburg

Die Kronenburger berichten voller Stolz, dass im frühen 20. Jahrhundert eine Dame namens Nettchen Faymonville im Burghaus die ersten Feriengäste beherbergte und damit den Tourismus ins Obere Kylltal brachte.

Nach dem Ersten Weltkrieg überlegte der Kronenburger Dorfpfarrer, wie das Wir-Gefühl der Dorfbewohner gestärkt werden könnte. Auf seine Initiative hin fanden 1920 bis 1925 auf dem Burgberg Tellspiele statt, aufgeführt mit der Kronenburger Bevölkerung. Für eine Vorstellung reisten bis zu 2000 Zuschauer an, um die vier bis fünf Stunden dauernden Tellspiele anzuschauen. Viele kamen zu Fuß durch das Tal vom Bahnhof Jünkerath gelaufen und stöhnten nicht schlecht, als es im Ort steil bergauf zum Burgberg ging.

Der erste deutsche Bundeskanzler Konrad Adenauer war ein ebenfalls gern gesehener Gast im Burghaus. Er kam des Öfteren zur Erholung hierhin. Eine Suite im Obergeschoß mit größerer Deckenhöhe ist nach ihm benannt. Sie liegt genau über der deutlich niedrigeren Napoleon-Suite, alle mit Bädern aus rotem spanischem Marmor.

Prinzessin Caroline von Monaco, die heutige Caroline von Hannover, verbrachte hier 1982/83 viel Zeit mit ihrem damaligen Freund und späteren Ehemann Stefano Casiraghi. Zum Aufenthalt bevorzugten sie das Kaminzimmer im Burghaus. Hier aßen und tanzten sie miteinander. Das Burghaus wurde belagert von Paparazzi. Caroline zog kurzerhand die Gardinen zu, als diese von außen durch die Fenster des Kaminzimmers fotografieren wollten. Von 2005 bis 2008 wurde das Burghaus von Grund auf renoviert und als Hotel genutzt. Im Jahr 2008 wurde bei Bauarbeiten vor der Orangerie eine Zisterne entdeckt, die vermutlich aus dem 17. oder 18. Jahrhundert stammt. Der LVR verzeichnete sie als Bodendenkmal. In der Zisterne fand man u. a. eine Seltersflasche von 1895; sie deutet auf eine Nutzung bis mindestens Ende des 19. Jahrhunderts hin.

Die heutige Orangerie diente über die Jahre verschiedenen Zwecken wie Pferdestallung, wurde aber auch bereits als Brauhaus und Gefängnis genutzt. Das Burghaus ist seit 2018 im Besitz der gemeinnützigen EifelStiftung und wird als Hotel betrieben. Der Burggarten wird von Mitgliedern des Eifelvereins freigeschnitten. Unterstützung erhalten sie von einem Schäfer mit seiner Herde.

Im Weißen Salon des Burghauses ist es möglich, zu heiraten. Eine der Wände ziert ein einmaliges Exemplar aus der Römerzeit. Es ist ein 2008 entnommener Querschnitt der Römerstraße Via Agrippa aus den Jahren 15 bis 12 v. Chr, die den Dahlemer Forst durchquerte. Sie verlief von Köln nach Lyon bis ans Mittelmeer. Dieser Querschnitt ist das einzige noch erhaltene, vollständige Exemplar weltweit. Es existierte ein zweiter entnommener Querschnitt, der in zwei Teilen verliehen wurde und nicht mehr komplett auffindbar ist.

Anfahrt

Kronenburg liegt an der B421, die gut über die B51 zu erreichen ist. Im Ort bergauf bis zum Parkplatz am Burgbering vor dem Nordtor.

ÖPNV

DB Bahnhof Dahlem, von dort mit Bus 834 zur Haltestelle Kronenburg Oben.

Übernachtung und Restaurant

Das Burghaus wird als 4-Sterne-Schlosshotel mit einem Pool und Terrasse auf Höhenniveau betrieben **www.villa-kronenburg.de**. Die Villa Kronenburg – unweit des Burghauses – beherbergt ein Hotel mit Café, Crêperie und Restaurant.

Erlebnisse und Veranstaltungen

Eine App mit Informationen für den Rundgang durch Kronenburg ist in Planung; Wandern und Wassersport am Kronenburger See; Nachtwächtertouren durch den historischen Burgbering mit Burg.

Kontakt

Burghaus Kronenburg
Burgbering 2–4
53949 Dahlem-Kronenburg
06557 8169933
Geöffnet: Ruine: frei zugänglich, Burghaus: am Tag des offenen Denkmals (zweiter Sonntag im September)

----> www.eifelstiftung.de

Schloss Malberg – Feinster Barock im Kylltal

Eine der eindrucksvollsten Schlossanlagen der Eifel liegt versteckt in einer Flussschleife in der Kyllburger Waldeifel. Aus einer mittelalterlichen Burg wurde in mehreren Ausbauphasen ein prächtiges Schloss. Der Ursprung des Ortes verliert sich im Dunkel der Geschichte, während sein Name für sich spricht. Im Althochdeutschen stand „mahal" für einen Versammlungsort oder eine Richtstätte, die vorzugsweise auf Anhöhen lagen.

In einer Urkunde aus dem Jahr 1008 wird der Edelherr Ravengar als Herr zweier Burgen genannt. Seine Familie war wohlhabend, aber kam zwei Jahrhunderte später in Konflikt mit Kaiser Friedrich II. Dieser gab im Jahr 1204 den Befehl, die Burg abreißen zu lassen. Sein Verbot, die Burg wieder aufzubauen, wurde offenbar nicht befolgt, denn schon 1224 wurde die Burgkapelle im Testament Theoderichs und Agnes' von Malberg erwähnt. Sie hatten ihren Anteil an der Burg an Walram von Limburg veräußert, der ihn wiederum an den Trierer Erzbischof Theoderich II. von Wied weiterverkaufte. Der Erzbischof erklärte die Burg Malberg 1238 zu einem Offenhaus des Stifts Trier.

Die Oberburg kam 1273 durch Heirat in den Besitz der Grafen von Reifferscheid. Im Jahr 1280 verkauften die Herren von Vinstingen die Unterburg an den Erzbischof von Trier. 1302 wurde die Burg luxemburgisches Lehen. Die Burg wurde mehrfach verpfändet und als Afterlehen weitergegeben, bis niemand mehr sicher sagen konnte, wie die Rechtslage war. Luxemburg und Trier einigten sich schließlich im Jahr 1404 darauf, an beiden Burgen gleiche Rechte zu haben und die Herren von Reifferscheid als Erbburggrafen anzuerkennen.

Das Alte Haus

Joachim Graf von Manderscheid-Schleiden kaufte 1588 die halbe Freiherrschaft Malberg. Der Palas der Oberburg bildete die Basis, als diese in den Jahren 1591 bis 1597 durch ein repräsentatives Wohnhaus im schlichten Renaissance-Stil ersetzt wurde. In dieser Zeit entstanden auch das Innere Tor und das Uhrtürmchen. Den anderen Teil erbte Florimond d'Ardre von seiner Mutter Katharina von Malberg und verpfändete ihn 1615 an Cornelius von Veyder. Seine Enkel kauften Ende des 17. Jahrhunderts auch den Rest der Burg. Nun war sie endlich in der Hand einer einzigen Familie, aber in einem beklagenswerten baulichen Zustand.

Das Neue Haus

Der Kölner Weihbischof Johann Werner von Veyder begann 1708 mit der Umgestaltung Malbergs zu einem vornehmen Herrensitz mit südländischem Flair. Mit der Planung beauftragte er den venezianischen Architekten Matteo Alberti, der die Anlage zu einem eindrucksvollen Barockschloss umgestaltete. Begonnen wurde mit einer Renovierung und Erweiterung des Alten Hauses, es wurde auf vier Geschosse erhöht. Danach folgten die Schlosskapelle, das Brauhaus, das Neue Haus und ein Arkadenbau, der die beiden Häuser miteinander verband.

Die Ruinen der Unterburg mussten dem neu angelegten Eisernen Garten weichen. Seinen Namen hat er von dem schmiedeeisernen Staketenzaun, der ihn einst umgab, bevor er im 19. Jahrhundert durch eine Mauer ersetzt wurde.

Der Weihbischof fand im Sohn seines Vetters einen guten Nachfolger: Franz Moritz von Veyder vollendete den Innenausbau und die Ausstattung des Schlosses. Im Jahr 1730 rundete er das Bild eines perfekten Traumschlosses ab, indem er den sogenannten Runden Garten anlegte. Kaiser Karl VII. erhob Franz Moritz von Veyder 1732 in den Reichsfreiherrenstand. Franz Moritz hatte ein gutes Händchen für Geld und war so weltoffen wie fortschrittsorientiert. Deshalb entstand auf sein Betreiben 1749 unterhalb des Schlosses ein Eisenwerk, das eine solide wirtschaftliche Basis für den Wohlstand der Familie bildete. Doch dies war nicht von langer Dauer.

Während der Französischen Revolution floh Freiherr Peter-Ernst von Veyder mit seiner Familie vor den Revolutionstruppen. Sein ältester Sohn Karl blieb zwar tapfer in Malberg, um den Familienbesitz zu verwalten. Leider zeigte sich schnell, dass seine Frau und er einen Hang zu großzügigem Lebenswandel hatten, ihren Zahlungsverpflichtungen nicht nachkamen und hohe Schulden machten. Als der Baron 1803 das säkularisierte Kloster St. Thomas kaufte und einer befreundeten Familie schenkte, war die Geduld seiner Gläubiger ausgereizt. Sie ließen die Güter der Familie von Veyder versteigern, bis nur noch das Schloss Malberg übrig blieb. Karls Tochter Ernestine heiratete 1823 den vermögenden Trierer Oberförster Franz Gerhard Schmitz. Diese Mesalliance war zwar nicht standesgemäß, aber die finanzielle Rettung für die Burgherren. Die Familie Schmitz-Malberg konnte das Schloss bis zum Ende des 20. Jahrhunderts weiter bewohnen und bewirtschaften.

Nach dem Zweiten Weltkrieg wurde das Schloss als Pension betrieben, aber die enormen Kosten für die Instandhaltung eines solchen Gebäudes konnten mit den Einnahmen nicht beglichen werden. Der Pensionsbetrieb wurde 1985 eingestellt, im Jahr 1990 verkaufte die Familie Schmitz-Malberg das Schloss an die Verbandsgemeinde Kyllburg. Seitdem flossen etwa zehn Millionen Euro in die Sicherung und Sanierung des Schlosses.

Alle zehn Räume der Gartenfront im Neuen Haus sind so weit hergestellt, dass sie besichtigt werden können. Die Restauratoren konnten die kostbare Wandbespannung des Frankfurter Künstlers Johann Andreas Nothnagel von 1760 im Mittelsaal retten. Beim Betreten des Hauptsalons fallen die üppigen Holzverkleidungen mit ihren Intarsien sofort ins Auge. Die ehemalige Schlosskapelle kann für Ausstellungen, Konzerte und Trauungen genutzt werden.

Anfahrt
A60, von Westen Ausfahrt 6 Bitburg, weiter auf der B51 nach Malberg. Von Osten Ausfahrt 7 Badem, weiter auf der L24 nach Kyllburg, dort links Richtung Malberg.

ÖPNV
DB Bahnhof Kyllburg, 25 Minuten Fußweg.

Übernachtung und Restaurant
Unterkunft und Gastronomie in Malberg.

Erlebnisse und Veranstaltungen
Öffnungszeiten und Führungen im Veranstaltungskalender der Homepage des Schlosses.
Schöner Wanderweg von Kyllburg durch das Kylltal zum Schloss Malberg.

Kontakt
Schloss Malberg
Schlosstraße 45
54655 Malberg
Telefon 06561 660
····⁝> www.schloss-malberg.de

Manderscheider Burgen – Verfeindete Nachbarn

Im idyllischen Liesertal zeigt sich dem Betrachter sehr eindrucksvoll, wie im Mittelalter Grenzkonflikte ausgetragen wurden. Genau an der Lieser grenzten erzbischöfliche und gräfliche Herrschaftsgebiete aneinander.

Erstmals urkundlich erwähnt wurde der Name Manderscheid bereits 973 in einer Urkunde des Kaisers Otto II., in der er dem Erzbischof von Trier den Kyllwald zwischen Echternach und Manderscheid als Bannforst übertrug. Eine Burg wird darin nicht explizit erwähnt.

Die Oberburg

Erste sichere Erwähnung fand die Burg im Jahr 1140, als die langjährige Fehde des Trierer Erzbischofs Albero mit dem Burgherrn Graf Heinrich von Namur und Luxemburg begann. In dieser Zeit entstand wahrscheinlich auch der Bergfried mit seinem rhombenförmigen Grundriss. Sieben Jahre später musste Heinrich aufgeben und verlor seine Burg an Kurtrier. Zwar konnte Heinrich seine Burg 1152 wieder an sich bringen, aber Alberos Amtsnachfolger ließ sie 1160 schleifen, nur um sie 1166 wieder aufzubauen und mit neuen Türmen zu befestigen. Bis zum Ende des 13. Jahrhunderts war die Manderscheider Oberburg eine der sieben trierischen Landesburgen. Hier befand sich der Sitz eines Amtes, die Verwaltung lag in der Hand eines Amtmannes.

Der französische General Fourille zerstörte die Burg 1673, als er sie mit seinen Truppen einnahm. Was zu diesem Zeitpunkt noch nutzbar war, wurde 1689 im Pfälzischen Erbfolgekrieg zerstört, als die Truppen Ludwigs XIV. die kurfürstliche Burg niederbrannten. Danach wurde sie vermutlich nicht mehr aufgebaut, denn der trierische Amtmann Lintz beschrieb die Anlage als beinahe ganz verfallen und völlig unbewohnbar. Mit der Ankunft der französischen Revolutionstruppen im Jahr 1794 und der damit verbundenen Säkularisierung 1803 endete die Herrschaft Kurtriers in Manderscheid. Im Jahr 1804 wurde die Oberburg auf Abbruch versteigert, den Zuschlag erhielt der Manderscheider Pfarrer Zeininger. Er hatte keinen Abriss im Sinn, sondern rettete sie auf diese Weise vor dem Verfall.

Der Schatzsucher und das Burggretchen

Der Tagelöhner Matthia Josef Zirbes aus Demerath heiratete 1847 die zwanzig Jahre ältere Margarethe Stadtfeld aus Manderscheid. Es zog sie in ihren Heimatort zurück und so reichte ihr Gatte 1850 einen Bauantrag ein, in dem er um die Genehmigung bat, in der Oberburg ein Wohnhaus zu bauen und mit Stroh einzudecken. Seinem Antrag wurde stattgegeben und er setzte ein kleines Haus auf der Westbastion instand. Auf der gegenüberliegenden Seite der Burg baute er den Eckturm zum Ziegenstall um. Er kümmerte sich nach der Arbeit um seine Ziegen, ging sonntags in die Kirche und hatte die fixe Idee, auf dem Burggelände sei ein Schatz zu finden. Trotz intensiver Graberei in dem harten Schieferboden wurde er nicht fündig. Sein Leben fand ein jähes Ende, als er eines Sonntags nach dem Gottesdienst beim Frühschoppen in einer Wirtschaft seinen üblichen Schnaps bestelle, der Wirt ihm aber – angeblich versehentlich – stattdessen Kupfervitriol einschenkte.

Seine Witwe wohnte nun allein auf der Oberburg. Alle Kinder des Dorfes hatten Angst vor dem Burggretchen, das sie bei jeder Annäherung mit dem Besen in der Hand verjagte. Im Jahr 1870 zog sie aus gesundheitlichen Gründen ins Dorf, im selben Jahr erwarb Gräfin Paula von Brühl die Burg für 500 Taler. Sie wurde 1921 von ihren Nachfahren für 1800 Mark an die Gemeinde Manderscheid weiterverkauft.

Die Niederburg

Nach dem Verlust der Oberburg an Kurtrier bauten die Manderscheider in Sichtweite eine neue Burg. Sie wählten eine von der Lieser umflossenen Felszunge. Die Tallage sollte sich als günstig herausstellen, so konnten die Burgherren den Verkehr durch das Liesertal kontrollieren und Zölle erheben. Zur ursprünglichen Bausubstanz gehört der quadratische Bergfried auf dem höchsten Punkt des Burgbergs, der Palas und eine Ringmauer.

Ein Theoderich wurde 1201 als dominus minoris castri de Manderscheid, also als Herr der kleineren Manderscheider Burg urkundlich erwähnt. Das Geschlecht derer von Manderscheid erlosch im 13. Jahrhundert und kurz darauf begründeten die Herren von Kerpen eine Seitenlinie, die sich Manderscheid nannte. Wilhelm V. von Manderscheid baute die Burg wehrhaft aus und trug sie 1337 dem Grafen von Luxemburg zu Lehen auf. Dieser unterstützte die Manderscheider ab 1346 bei den Auseinandersetzungen mit dem Trierer Erzbistum um die Vorherrschaft im Liesertal.

Dietrich I. baute die Niederburg ab 1391 auf der Talseite aus, nutzte sie aber kaum, nachdem er seinen Wohnsitz auf seinen Gutshof nach Kail verlegt hatte. Auch sein Nachfolger, Dietrich II., ließ neue Gebäude errichten und den Burgbering erweitern. Das ursprüngliche Südtor am Fuß des Burgbergs wurde zugemauert, dahinter ein Rundturm erbaut und ein neuer Zugang im Südwesten angelegt. Dietrich III. wurde 1457 in den Reichsgrafenstand erhoben und teilte den Familienbesitz unter seinen drei Söhnen auf. Cuno I. erhielt den Stammsitz in Manderscheid, begründete die Linie Manderscheid-Schleiden und starb schon ein Jahr später, ohne jemals selbst in der Niederburg gelebt zu haben.

Die Niederburg wurde 1689 niedergebrannt, 1803 von den französischen Machthabern auf Abbruch versteigert und von Privatleuten erworben, die sie zunächst weiter ausbeuteten und 1899 an den Eifelverein veräußerten. Nun begann eine Zeit kostspieliger Sicherungs- und Restaurierungsarbeiten. Seit 2018 ist die Niederburg Eigentum der Stadt Manderscheid.

Anfahrt

A48/A1 Ausfahrt Manderscheid, L16 bis Niedermanderscheid.

ÖPNV

DB Bahnhof Gerolstein, Bus 500 bis Daun ZOB, von dort Bus 300 bis Manderscheid, Dauner Straße.

Übernachtung und Restaurant

Burg-Café Manderscheid am Eingang zur Niederburg. Weitere Gastronomie und Unterkünfte im Ort Manderscheid.

Erlebnisse und Veranstaltungen

Letztes Wochenende im August: Mittelalterfest mit Markt und Turnieren; Manderscheider Burgenstieg, ein 6 km kurzer Rundweg zu beiden Burgen und einigen Aussichtspunkten.

Kontakt

Oberburg Manderscheid
54531 Manderscheid
Geöffnet: jederzeit frei zugänglich, Wanderweg vom Ort und von der Niederburg.
Niederburg Manderscheid
Niedermanderscheider Straße 1
54531 Niedermanderscheid

Telefon 065572 737
Geöffnet: April bis Oktober täglich außer Dienstag 10:30 bis 17:30, Juli/August auch dienstags.

····> www.niederburg-in-manderscheid.de

Monreal – Wo sich Löwe und Reh gegenüberstehen

Auf dem 350 m hohen Felssporn hoch über dem Elzbachtal befinden sich Siedlungsspuren, die bis in die vorchristliche Zeit zurückreichen. Heute stehen sich dort zwei Burgruinen gegenüber. Die Burg Monreal wird auch Löwenburg genannt. Die im Vergleich mit der Löwenburg wesentlich kleinere Philippsburg heißt im Volksmund „das Rech", also das Reh.

Der Bruderzwist

Die Brüder Hermann und Phillip von Virneburg teilten 1229 den Familienbesitz untereinander auf. Hermann blieb am gräflichen Stammsitz und baute die Virneburg. Phillips Anteil an den Ländereien lag im Gebiet des heutigen Monreal. Der Ortsname leitet sich aus dem französischen „Mont Royal" = königlicher Berg ab. In der damaligen Zeit war es im Rheinland und in der Eifel große Mode, Orte und Burgen mit französischen Namen zu versehen. Immerhin hatte Hermann von Virneburg bei seinem Kreuzzug enge Freundschaften mit französischen Kreuzzugsteilnehmern geschlossen. Also wurde der erstmals 1193 erwähnte Cunisberch (= Königsberg) kurzerhand umbenannt.

Nun sind sich allerdings die Historiker einig, dass nicht Phillip, sondern Graf Hermann III. von Virneburg die erste Burg in Monreal baute – auf dem Grund und Boden seines Bruders! Vielleicht geschah das anfangs sogar noch mit Phillips Zustimmung und Hilfe, darüber sind sich die Historiker nicht einig. In jedem Fall entstand während der Bauarbeiten ein heftiger Bruderzwist, bei dem Phillip erneut den Kürzeren zog: Der Zwist wurde mit einem Vergleich beigelegt, in dem Phillip seinem Bruder alle Rechte an den Ländereien abtrat.

Erstmals urkundlich erwähnt wurde die Burg „Monroial" bereits im Jahr 1229. Es wird deshalb davon ausgegangen, dass sie unmittelbar nach der Besitzteilung erbaut wurde. Trotz aller Beschädigungen und Zerstörungen kann bis heute beim Anblick des weithin sichtbaren runden Bergfrieds die einstige Pracht und Größe erahnt werden. Er ist 25 Meter hoch und seine Mauern sind bis zu 3 Meter dick. Er konnte nur durch einen Hocheingang betreten werden. Die Kapelle hatte einen sechseckigen Grundriss und war zweigeschossig. Darüber wurde später ein Wohngeschoss gebaut.

Wer genau der Erbauer der Phillipsburg ist, lässt sich nicht mehr zuverlässig sagen. Datiert wird sie auch auf das frühe 13. Jahrhundert. Einer Theorie nach ist die Phillipsburg nicht einmal eine eigenständige Burg. Sie sei lediglich eine Vorburg oder ein Außenwerk der Löwenburg. Nach der Überlieferung der Einheimischen wurde die Phillipsburg von Phillip erbaut, der damit auf den Bau der Löwenburg reagierte.

Monreal wird Stammburg der Virneburger

Traditionell hatten die Virneburger gute Beziehungen zum Kölner Erzbistum. Hermanns Enkel Heinrich ging 1304 als Kölner Erzbischof und Kurfürst Heinrich II.

in die Geschichte ein. Aus den fortwährenden Überfällen der Virneburger auf die kurtrierische Stadt Mayen erwuchs eine Fehde zwischen den Virneburgern und dem Trierer Erzbischof. Seinem Kölner Amtskollegen gelang es, zwischen den Parteien zu vermitteln. Nach dem geschlossenen Vergleich wurde nur noch der Tod von Heinrichs Vater Robert III. abgewartet, bevor dem Erzbistum Trier die Burg Monreal zum Lehen übertragen wurde. Unterhalb der Burg wuchsen die vereinzelten Häuser und Höfe zu einem munteren Marktflecken zusammen. Schon 1306 wurden Monreal die Stadt- und Marktrechte verliehen.

Robert IV. baute in seiner Herrschaftszeit zwischen 1384 und 1445 die Burganlage aus. Sie wurde in dieser Zeit mehrfach als Witwensitz der Grafenfamilie genutzt. Auch der schlanke, viergeschossige Viereckturm in der Phillipsburg wurde vermutlich im späten 14. oder frühen 15. Jahrhundert in die Ringmauer eingefügt. Im Jahr 1394 kam es zur Namensänderung. Um sie vom gleichnamigen Ort Monreal zu unterscheiden, wurde die Burg fortan Löwenburg genannt. Namensgeber waren die vier mächtigen in Stein gehauenen Löwen, die an der Zufahrt zur Burg standen. Zeitweilig war die Burg Rech durch lange Mauerzüge mit der Löwenburg und der Ortsbefestigung von Monreal verbunden.

Zum Schutz gegen die aufkommenden Feuerwaffen wurde der Bergfried im 15. Jahrhundert durch eine spitz zulaufende Schildmauer gesichert. Zeitgleich wurde auch die Kapelle der Niederburg ummantelt. Dadurch war die Kapelle kaum noch als Sakralbau erkennbar. Nach dem Einsturz ihres Deckengewölbes vermutet unter den Ruinen niemand mehr eine ehemalige Kapelle.

Anfang des 16. Jahrhunderts verlegte sogar die gesamte Grafenfamilie ihren Hauptsitz nach Monreal. Mit dem Tod von Graf Cuno im Jahr 1545 starb das Geschlecht derer zu Virneburg aus. Die Burg wurde in der Folgezeit zum Amtssitz des kurtrierischen Amtmanns zu Mayen. Sie muss damals in einem sehr guten Zustand gewesen sein, denn sie wurde von Zeitgenossen sogar als „Schloss Löwenstein" bezeichnet.

Zerstörerische Kriege

Als 1632 die schwedischen Truppen im Elztal aufmarschierten, konnten die mächtigen Befestigungsanlagen nur kurz zur Verteidigung des Ortes und der Burg dienen. Bei den Angriffen der Schweden nahmen beide Burgen schweren Schaden. Ohne zwischenzeitlich wieder aufgebaut worden zu sein, wurden die Burgen 1689 im Pfälzischen Erbfolgekrieg endgültig zerstört.

Während der Säkularisation kamen die Ruinen 1815 in preußischen Staatsbesitz. Heutige Eigentümerin ist die Generaldirektion Kulturelles Erbe Rheinland-Pfalz, Direktion Burgen, Schlösser, Altertümer, die seit 1970 zahlreiche Sicherungen für Bestand und Verkehrssicherheit durchführte.

Anfahrt
A61 Abfahrt Mendig, B262 bis Mayen/
West, rechts Richtung Mayen, 1.
Abfahrt rechts L98 Richtung Monreal.

ÖPNV
DB Eifelquerbahn von Andernach über
Mayen nach Kaisersesch, Bahnhof
Monreal.

Übernachtung und Restaurant
Im Ort Monreal.

Erlebnisse und Veranstaltungen
Der Bergfried der Löwenburg ist als
Aussichtsturm zugänglich.
Traumpfad Monrealer Ritterschlag heißt
der 13,7 km lange Rundwanderweg,
bei dem beide Burgen und unvergleich-

lich schöne Natur rund um Monreal
erwandert werden können.
Eine weitere schöne Wanderung ergibt
sich auf dem Jakobsweg von Mayen
nach Monreal (Rückweg mit der Bahn).

Kontakt
Löwenburg und Philippsburg
56729 Monreal
Geöffnet: frei zugänglich.
Löwenburg: 15–20 Minuten steiler
Aufstieg von der Untertorstraße
Philippsburg: 10–15 Minuten steiler
Aufstieg von der Kirchstraße.

Burg Monschau – Auf dem Berg der Freude

In dem schmalen, felsigen Tal der Rur liegt das malerische Städtchen Monschau zwischen der Burg Monschau und der Befestigung namens Haller. Es bleibt unklar, wann diese beiden Bauwerke entstanden. Vielleicht baute Ende des 11. der Herzog Walram II. von Arlon. Oder es war Walram IV. von Limburg, der 1198 als Herr von Montjoye urkundlich nachweisbar ist und sich bei einem gemeinsamen Kreuzzug mit Richard I. Löwenherz angefreundet hat.

Fest steht nur, dass erstmals im Jahre 1217 ein „castrum in Munjoie" in einer Urkunde des Kölner Erzbischofs Engelbert I. erwähnt wird, das dem Schutz des nahe gelegenen Klosters Reichenstein diente. Leider kann nicht einmal gesagt werden, ob es sich dabei um die heutige Burg Monschau oder um den Haller handelte.

Der Haller

Im frühen 13. Jahrhundert entstand gegenüber der heutigen Burg ein Befestigungsbauwerk, das vielleicht auch als Wachturm diente. Dieser Turm steht über einem steil abfallenden Felsen und ist zu den anderen drei Seiten mit bis zu 2,5 Meter dicken Mauern geschützt. Ursprünglich hatte der Turm ein Dach. Historiker vermuten, dass dieser Bau sogar etwas älter als die Burg ist. Eine Erweiterung der Befestigung war nicht möglich, deshalb entschlossen sich die Herren von Limburg vermutlich zu einer Neugründung auf der anderen Seite der Rur. Der alte Turm wurde als Wachturm für die neue Burg genutzt. Warum er Haller genannt wird? Die Lage beider Bauwerke hoch über dem engen Kerbtal der Rur bringt ein faszinierendes akustisches Phänomen mit sich: Was auf dem Haller gerufen wird, kann auf der Burg gehört werden. Das funktioniert auch in Gegenrichtung. Unten im Ort hingegen kann es selten vernommen, aber nie verstanden werden. Dies wird bisweilen mit dem beständigen Rauschen der Rur erklärt.

Die Burg über dem Rurtal

Auf dem Haag, einem Bergsporn über der Rur, entstand ebenfalls im 13. Jahrhundert eine wehrhafte Burg. Sie lässt sich mit keiner geometrischen Figur beschreiben, weil sie bei ihrem Bau perfekt an den vorhandenen Untergrund angepasst wurde. Bauherren waren die Grafen von Valkenburg, die eng mit den Limburgern verwandt waren und keinem Streit aus dem Weg gingen. Ihre respektlose Aufsässigkeit erzürnte die Brabanter so sehr, dass sie 1333 Monschau belagerten und eroberten.

Im Jahr 1352 erhielt Monschau die Stadtrechte und wurde den Grafen von Schönforst übereignet. Doch auch diese wurden nicht glücklich damit. Sie verschuldeten sich nach dem Tod Johann III. von Schönforst-Montjoie 1433 so sehr, dass sie 1435 dem Herzog von Jülich ihre Burg und Stadt überlassen mussten.

Die Grafen von Jülich bauten sie Mitte des 14. Jahrhunderts zu einer Festung aus. Aus dieser Zeit erhalten ist der Westflügel mit dem Palas und dem Rittersaal. Mäch-

tige Ringmauern und Wehrgänge boten guten Schutz gegen Angreifer. Eine Vorburg mit vier Türmen und einer großen Torburg boten weiteren Schutz. Im Jahr 1517 wurde die Nordseite zudem mit einem mächtigen runden Batterieturm namens Eselsturm gesichert. Im Jahr 1543 gelang es den Truppen Kaiser Karls V. erst nach langer Belagerung, das Bollwerk mit schwerem Geschütz einzunehmen. Es folgten üble Verwüstungen und Plünderungen in der Burg und in der Stadt.

Nach dem Abzug der Besatzer wurde die Burg wieder aufgebaut, dabei entstanden auch einige Kasernenbauten. Schon im Pfälzischen Erbfolgekrieg 1689 zerstörten die französischen Truppen erneut die Burg. Dieses Mal sah man von einem vollständigen Wiederaufbau ab und beschränkte sich darauf, sie auszubessern.

Nach dem Einmarsch der französischen Revolutionstruppen begann eine Zeit des Verfalls. Die Franzosen erklärten die Burg zu Staatseigentum und verkauften sie an Privatleute. Deren Erben hatten sich damit allerdings finanziell übernommen und ließen 1836 die Dächer abtragen, weil sie auf diese Weise die Gebäudesteuer sparen konnten. Ohne Witterungsschutz verfiel die Burg schnell zur Ruine.

Aus Montjoie wird Monschau

Monschau hatte im Laufe seiner bewegten Geschichte viele Namen, mehr als 150 verschiedene Schreibweisen wurden gezählt. Wohl am längsten trug es den klangvollen Namen Montjoie, das bedeutet Berg der Freude. Dem Kaiser Wilhelm II. klangen aber gegen Ende des Ersten Weltkrieges die Namen einiger deutscher Orte zu französisch. Deshalb bestimmte er im August 1918 in einem Erlass die Umbenennung der entsprechenden Ortsnamen. Mit einem Federstrich machte der Regierungspräsident Monschau aus Montjoie. Glücklich waren die Monschauer darüber nicht, obwohl im Grunde lediglich die Schreibweise geändert wurde. Gesprochen wird auch der neue Ortsname mit ganz weichem „sch", sodass der alte Name weiterhin mitschwingt.

Anfang des 20. Jahrhunderts übernahm die Rheinprovinz die Burgverwaltung und begann mit der Instandsetzung. Die Dächer wurden erneuert und nach dem Ersten Weltkrieg wurde im Westflügel eine Jugendherberge eröffnet.

Im Jahr 1971 verhüllte das der Künstlerehepaar Christo und Jeanne-Claude unter dem Titel „projekt mon SCHAU" den Eselsturm und den Haller. Sie wollten die Schönheit der Bauwerke durch Verbergen erneut sichtbar machen. Nicht alle Einheimischen verstanden es als Kunst, etliche Quadratmeter Folie mit kilometerlangen Seilen zu verschnüren. Einige protestierten offen dagegen, andere gingen andere Wege: Zeitzeugen erinnern sich daran, dass das Seil wie durch Zauberhand Nacht für Nacht kürzer wurde und die Monschauer neue Abschleppseile hatten. Die restlichen Seile wurden nach der Kunstaktion den Monschauer Schulkindern als Springseile geschenkt.

Anfahrt
A4 bis Aachen, dort auf die A44 Richtung Lüttich, Ausfahrt Aachen Lichtenbusch, B258 bis Monschau.

ÖPNV
DB Bahnhof Aachen Rothe Erde, Bus 66 bis Monschau, Parkhaus/Schmiede, dann 15 Minuten Fußweg.

Übernachtung und Restaurant
In der Burg befindet sich eine Jugendherberge. Weitere Unterkünfte und vielfältige Gastronomie im Ort Monschau.

Erlebnisse und Veranstaltungen
Im Sommer finden im Burghof Auftritte und Konzerte der Veranstaltungsreihe „Monschau Klassik" statt.

Kontakt
Burg Monschau
Auf dem Schloss | 52156 Monschau
Geöffnet: Haller, Innenhof und Unterburg sind frei zugänglich. Die Innenräume der Oberburg sind nur für Jugendherbergsgäste und Seniorenheimbewohner zugänglich.

Neuerburg – Die Jugendburg über dem Enztal

Auch wenn der Name es vermuten lässt: Neu ist diese Burg ganz und gar nicht. Das genaue Alter ist nicht überliefert. Abt Regino von Prüm berichtete während der Raubzüge der Wikinger, dass diese nach ihrem zweiten Einfall in Prüm 892 weiter Richtung Ardennen gezogen seien. Die Menschen der Region seien in ein castrum noviter erectum, also eine neu errichtete Burg geflohen. Die Angreifer eroberten die neue Burg und töteten alle Geflüchteten. Es kann aber nicht zweifelsfrei festgestellt werden, ob es genau diese Burg war. Gesichert für diesen Standort ist eine urkundliche Erwähnung im Jahr 1132, als ein Theoderich de novo castro als Zeuge einer Schenkung fungierte.

Bis 1220 war die Herrschaft Neuerburg ein Lehen der Grafen von Vianden. Ein Friedrich von der Neuerburg erscheint in Unterlagen aus den Jahren 1246 und 1257 als Lehnsmann des Viandener Grafen Philipp, vermutlich war es dessen Neffe, der in Neuerburg eine Viandener Seitenlinie gründete.

Der Ort am Fuß der Burg wuchs heran und erhielt 1332 die Stadtrechte. Im selben Jahr starb Friedrich III. von Neuerburg und das Besitztum ging an seinen Enkel Friedrich von Kronenburg, der es noch im selben Jahr Graf Heinrich von Vianden und König Johann König von Böhmen verkaufte. Johann der Blinde, wie er auch genannt wurde, war gleichzeitig Graf von Luxemburg. Beide Käufer nutzen die Neuerburg nicht zu Wohnzwecken und gaben sie 1339 an die Kronenburger zurück. Im Jahr 1414 übernahmen die Herren von Rodemacher, 1453 die Grafen von Virneburg und schließlich 1487 die Grafen von Manderscheid die Herrschaft über Neuerburg.

Wehrhafte Festung

Graf Dietrich IV. von Manderscheid-Blankenheim nahm sich der Neuerburg an und baute sie zwischen 1510 und 1540 zu einer Festung aus. Beim Bau der Bastionen für seine Artillerie muss es wohl zu neuen Erkenntnissen gekommen sein. Denn die zuerst gebaute Südwestbastion hat eine runde Form, während die Nordbastion und die Ostbastion sich mit ihren polygonalen Formen eher an die Gegebenheiten des Untergrunds anpassten. Auch die Mauern wurden im Laufe der Bauarbeiten immer dicker. Die Nördliche Wehrmauer wurde auf mächtige 5,50 m verstärkt. Aber auch an einen neuen Wohnflügel wurde gedacht.

Joachim von Manderscheid veranlasste in der zweiten Hälfte es 16. Jahrhunderts einige weitere bauliche Veränderungen. Sein Erbe wurde unter seinen Töchtern Anna Amalia und Claudia aufgeteilt. Damit begann eine lange Phase, in der die Herrschaft unter bis zu sechs Miteigentümern in Hälften, Sechstel und sogar Vierundzwanzigstel aufgeteilt wurde.

Anna Amalia von Manderscheid-Schleiden heiratete 1592 den Grafen Philipp Diederich zu Manderscheid-Kail. Die Eheleute bauten etwa im Jahr 1600 das Torhaus zu Wohnzwecken um. Der alte Mannschaftsraum wurde zu einer großen Wohnküche, daneben entstand ein großer Wohnraum. Beide waren durch den Küchenkamin verbunden, dessen Takenplatte die Jahreszahl 1605 zeigt, also wahrscheinlich den Zeitpunkt seiner Entstehung und der Fertigstellung des Umbaus.

Kriegerische Zeiten

Nun folgten düstere Zeiten. Kriege und Hexenprozesse hatten die Menschen ohnehin in Angst und Schrecken versetzt, dann kam auch noch die Pest. Die inzwischen sehr wehrhafte Burg konnte im Dreißigjährigen Krieg gegen alle Angriffe und Plünderungen verteidigt werden. Dazu wurde die Neuerburg 1632 weiter gesichert und ausgebaut. Munition wurde herangeschafft, um der Gefahr durch die herannahenden Schweden, Holländer und Iren zu trotzen. Vier Jahre später wurde es nötig, luxemburgische Truppen in der Burg einzuquartieren, um die Burg vor den Polen zu schützen, die zwar eigentlich als Bundesgenossen gegen die Franzosen gekommen waren, sich aber unmöglich betrugen.

Neuerburg geriet im Holländischen Krieg und im Pfälzischen Erbfolgekrieg unter Beschuss. Die Franzosen brannten in der Herrschaft Neuerburg ganze Ortschaften nieder. Nach Feiern war in dieser Zeit keinem zumute, weshalb wohl der Saal im Palas bereits um 1683 Viehstall war und im nächsten Jahrhundert durch eine Decke in zwei Geschosse und durch Querwände in drei Räume aufgeteilt wurde.

Die französischen Truppen beschossen die Neuerburg 1689 mit Kanonen und sprengten 1692 die Festungsanlagen. Als Ersatz für den zerstörten Wohnraum bauten die Burgherren 1701 an der südlichen Außenmauer einen neuen Wohnbereich. Die Verteidigungsanlagen wurden nicht wieder aufgebaut. Unter Napoleonischer Besetzung endete 1794 die Adelsherrschaft auf der Neuerburg, diese wurde versteigert.

Der neue Eigentümer verkaufte die Ruine auf Abbruch und half damit der Neuerburger Bevölkerung, die nach den großen Stadtbränden 1816 und 1818 Baumaterial für den Wiederaufbau benötigte. Die Burg kam dabei in städtischen Besitz und wurde als Armenhaus, Archiv, Gefängnis und Landwirtschaftsschule genutzt.

Im Jahr 1926 schlossen die Stadt Neuerburg und der katholische Bund Neudeutschland einen Erbpachtvertrag über 99 Jahre. Die bereits 1908 restaurierte Burg wurde zur Jugendburg umgebaut. Das Nazi-Regime nutzte sie nach einer Zwangsenteignung von 1939–1945 als NS-Schulungsheim. Nach dem Krieg war sie eine Kaserne für amerikanische, französische und luxemburgische Soldaten. Der Erbpachtvertrag wurde 1951 wieder in Kraft gesetzt und die Neuerburg seither erneut als Jugendburg genutzt. Im ehemaligen Rittersaal wurde 1955 eine Burgkapelle eingeweiht.

Anfahrt
A60 Ausfahrt Waxweiler, L33 Richtung Waxweiler/Neuerburg, wird hinter Lambertsberg zur L12. In Waxweiler links L10 bis Neuerburg, dort ist die Burg ausgeschildert.

ÖPNV
DB Trier Hauptbahnhof, Bus 420 nach Irrel, er fährt als Bus 423 weiter nach Neuerburg.

Übernachtung und Restaurant
Jugendherberge in der Burg. Gastronomie im Ort.

Erlebnisse und Veranstaltungen
Die Herbergseltern führen nach telefonischer Anmeldung durch die Innenräume und bieten erlebnispädagogische Programme für Gruppen an. Der Neuer-Burg-Weg ist ein 12,7 km langer Panorama-Rundweg mit fantastischen Blicken auf Stadt und Burg.

Kontakt
Jugendburg Neuerburg
54673 Neuerburg
Telefon 06564 2187
Geöffnet: Die Burgkapelle, der Innenhof und der Ruinenteil sind für Besucher frei zugänglich, soweit der Herbergsbetrieb nicht beeinträchtigt wird.

····> www.jugendburg-neuerburg.de

Burg Nideggen – Ein Burgenmuseum in der alten Trutzburg

Die rechteckige Höhenburg auf dem 330 m hohen Felssporn galt im Mittelalter als uneinnehmbar. Heute lässt sich darin bei einem Besuch des Burgenmuseums und der Burgrestaurants Geschichte hautnah erleben.

Die Grafen von Jülich

Die Grafen von Jülich hatten ihren Stammsitz am Nordrand der Eifel. Wilhelm II. der Große von Jülich hatte Alverade von Nörvenich-Maubach geheiratet. Zu ihrer Mitgift gehörten weitläufige Wälder, die tief in die Rureifel hineinreichten. Das Kölner Erzbistum fürchtete sofort um seine Vorherrschaft in der Eifel, es kam immer wieder zu Konflikten. Nun benötigten die Jülicher im Grenzgebiet zur Herrschaft Monschau einen strategisch günstigen Sicherungsposten.

Ihre Wahl fiel auf einen markanten Felssporn, der steil zur Rur hin abfiel und einen weiten Blick nach Westen ermöglichte. Wilhelm II. legte im Jahr 1177 den Grundstein für die Trutzfeste Nideggen. Sie entstand in Sichtweite der Reichsburg Berenstein, die erst 1090 erbaut worden war, sich aber schon in einem solch desolaten Zustand befand, dass sie als Steinbruch für die neue Burg diente. Die entsprechenden Steinquader heben sich mit ihrer gelblichen Färbung deutlich von der roten Färbung des Buntsandsteins des Burgbergs und späterer Bauteile ab.

Mit seinen bis zu zwei Meter dicken Mauern war der Bergfried das sicherste Gebäude der mittelalterlichen Burg und wurde deshalb auch nach der Fertigstellung weiterer Gebäude als Wohn- und Wehrturm genutzt. Schon damals legte der Bauherr Wert darauf, dass die Räume beheizbar waren und dass in der Bauplanung Toiletten vorgesehen wurden. Nach der Fertigstellung im Jahr 1190 begannen die Bauarbeiten an der Wehrmauer, am Haupttor und am zweigeschossigen Palas. Auch ein Brunnen wurde durch einen Felsspalt bis in 90 m Tiefe getrieben. Die dreischiffige Burgkirche St. Johannes Baptist wurde zwischen 1177 und 1219 gebaut.

Das „Who is Who" des Mittelalters

Der imposante Bergfried heißt zuweilen auch Jenseitsturm, denn im Erdgeschoss befinden sich die Burgkapelle und das Verlies. Dieser Kerker war so gefürchtet wie berüchtigt: Acht Fuß dicke Mauern mit dreifach vergitterten Fenstern und Türen erstickten schon den Gedanken an eine Flucht im Keime. Die Chronik des Kerkers liest sich wie das „Who is Who" des Mittelalters: Um 1214 wurde Herzog Ludwig von Bayern dort in Gewahrsam gehalten, bis Abt Konrad ganze 100 Talente als Lösegeld zahlte. Nach einem Streit mit den Jülichern wurde der Kölner Erzbischof Konrad von Hochstaden im Jahr 1242 neun Monate in Nideggen eingekerkert. Seinen Nachfolger Engelbert II. von Falkenburg traf es noch härter: Er saß dort ab 1267 ganze drei Jahre ein. Etwas mehr Glück hatte 1371 Wenzel I., ein Halbbruder Kaiser Karls IV. Er wurde nach der Schlacht bei Baesweiler im Palas gefangen gehalten.

Schon der erste Burgherr, Wilhelm II., starb kinderlos. Erbe war der Sohn seiner Schwester, die nach Hengebach geheiratet hatte. Er übernahm Nideggen als Wilhelm III. und setzte die Ausbauarbeiten fort. Unterhalb der Burg wurde eine Ortschaft namens Nydeckin angelegt, der Gerhard VII. von Jülich zu Weihnachten 1313 die Stadtrechte verlieh.

Dem strebsamen Wilhelm V. ist es zu verdanken, dass Jülich 1336 zur Markgrafschaft und 1356 zum Herzogtum erhoben wurde. Er setzte ab 1340 den Ausbau der Burg fort und stockte den Wohnturm um 1350 auf sechs Stockwerke auf. Sein Sohn wurde Herzog Wilhelm I. von Jülich und der baute ebenfalls auf dem Burggelände weiter. Besonders eindrucksvoll für seine Zeitgenossen war sicherlich der feudale Rittersaal. Er gehörte seinerzeit mit seinen 61 Metern Länge und 16 Metern Breite zu den größten Saalbauten im Rheinland. Heute ist davon noch die imposante Außenmauer erhalten.

Streit um Erbe und Macht

Im Jahr 1423 starb mit Rainhald von Jülich der letzte echte Jülicher Herzog. Erbe war Adolf Herzog von Berg aus einer Seitenlinie des Hauses Jülich, der sich nun als Herzog von Jülich und Berg hofieren ließ. Schließlich erlosch 1511 auch das Haus Jülich-Berg und Nideggen fiel an das Herzogtum Kleve. Diverse Erbstreitigkeiten eskalierten zur Jülicher Fehde, die als Geldrischer Erbfolgekrieg in die Geschichte einging. Einer der traurigen Höhepunkte dieser Auseinandersetzungen war der Angriff Kaiser Karls V. auf Nideggen im Jahr 1542. Er zerstörte einen Großteil der Burg. Im Pfälzischen Erbfolgekrieg drangen 1689 die Truppen Ludwig XIV. in die Eifel vor. Sie plünderten die Burg Nideggen und brannten sie nieder. Dies und zwei Erdbeben in den Jahren 1755 und 1878 beschleunigten den Verfall der einst so stattlichen Burg. Im 18. Jahrhundert wurde zwischen Kirche und Burg ein Pförtnerhaus aus Fachwerk gebaut. Die französischen Revolutionstruppen ließen die Burg 1794 auf Abbruch verkaufen.

Die Ruine dauerte die Nideggener Bürger. Sie legten zusammen und gemeinschaftlich kauften sie die Burgruine. Ab 1902 begannen erste Sicherungs- und Wiederaufbaumaßnahmen in dem alten Gemäuer. In der Folge wurde die Burg dem Kreis Düren geschenkt und als Heimatmuseum genutzt. Nach weiteren Zerstörungen im Zweiten Weltkrieg erfolgte erneut ein umfangreicher Wiederaufbau. Seit 1979 befindet sich im Wohnturm das erste Burgenmuseum Nordrhein-Westfalens. Heute wird sie als Museum, Burgrestaurant und Event-Location genutzt, das Pförtnerhaus ist Sitz der Dürener Sektion des Deutschen Alpenvereins.

Anfahrt

A1 Abfahrt Erftstadt, B265 Richtung Lechenich/Zülpich. Hinter Erp rechts L33 Richtung Nideggen. A4 Abfahrt Düren, B56 Richtung Bonn, Euskirchen, Nideggen.

ÖPNV

DB bis Düren Hauptbahnhof, von dort mit dem Bus 221 bis Nideggen Ortsmitte oder mit der Rurtalbahn(RB21) bis Nideggen-Brück, dann 20 Minuten Wanderung oder Bus 210 bis Nideggen, Dürener Tor.

Übernachtung und Restaurant

Restaurants Kaiserblick und Brockel Schlimbach in der Burganlage, **www. burgrestaurant-nideggen.de.** Unterkünfte im Ort Nideggen.

Erlebnisse und Veranstaltungen

Burgenmuseum im Wohnturm der Burg, **www.kreis-dueren.de/ burgenmuseum** im Sommer Konzerte im Burghof.

Kontakt

Burg Nideggen
Kirchgasse 10
52385 Nideggen
Geöffnet: Burggelände frei zugänglich, Wohnturm Di bis So 10–17 Uhr.

Nürburg – Die höchstgelegene Burg der Eifel

Eine der bekanntesten Burgen der Eifel ist die Nürburg. Sie stand Pate bei der Benennung der Rennstrecke Nürburgring, dessen Nordschleife um die Nürburg herumführt. Doch die Burg ist mehr als Namensgeberin und Kulisse für Autorennen. Nur wenige Burgen in der Eifel sind älter als die Nürburg, keine liegt höher, denn die Nürburg thront auf einem Basaltkegel in 678 Metern Höhe über dem Meeresspiegel.

Die Nürburg wuchs ringförmig: Die rechteckige Kernburg wurde mit Wohngebäuden und Zwingeranlagen ergänzt. Diese Hauptburg erreichte man damals wie heute von Süden kommend. Hier befand sich eine weitläufige Vorburg, die von der äußeren Ringmauer umschlossen war und die gesamte Burganlage sicherte. Von der Vorburg sind die Ruine der Kapelle und einige Mauerreste anderer Gebäude erhalten.

Die Burg auf dem schwarzen Berg

Ihren Namen hat die Nürburg von dem mittelalterlichen Namen des Burgbergs, der als „mons nore" und „noureberg", also „schwarzer Berg" bereits Mitte des 10. Jahrhundert erwähnt wurde. Hier befand sich vielleicht schon ein Wachtposten oder eine Signalstation der Römer. Vor Einführung der Feuerwaffen waren solche Kuppen wichtig, um einerseits einen Angreifer rechtzeitig erspähen zu können, andererseits aber für ihn schwer erreichbar zu sein.

Eine erste Gipfelburg entstand wohl Anfang des 12. Jahrhunderts, die Erbauer sind urkundlich nicht erwähnt. Für einige Heimatforscher kam eigentlich nur Graf Theoderich I. von Are infrage, der auch die Burg Are über Ahrweiler erbaute. Er starb 1132 und hinterließ sechs Söhne, von denen sich die Hälfte der Kirche zuwandte. Der Stammhalter Lothar übernahm die Grafschaft Are, die Nürburg fiel an Ulrich. Auch wenn es keinerlei Belege gibt, gehen heutige Experten davon aus, dass Ulrich der Bauherr der Nürburg war. Er machte in den kommenden drei Jahrzehnten aus der einfachen Fluchtburg eine beeindruckende Ritterburg und nannte sich ab 1144 Ulrich Graf von Nürburg. Vermutlich beendete er die Bauarbeiten um 1160. Er wurde 1169 erstmals zusammen mit der Burg urkundlich erwähnt.

Stützpunkt für das Erzbistum Köln

Der Kölner Erzbischof Rainald von Dassel erkannte sofort die gute strategische Lage und wollte die Burg unbedingt zur Sicherung seines kurfürstlichen Territoriums haben. Im Jahr 1166 erzwang er sich ein Öffnungsrecht. Ulrichs Nachfahren nannten sich Herren von Nürburg und Are. Sie waren weiterhin Lehnsherren der Kölner Erzbischöfe. Der Wappenstein am Doppeltor der Hauptburg zeigt das Löwenwappen Johanns von Nürburg, das seinem Siegel von 1254 entsprach. Wann genau der Bergfried errichtet wurde, ist unbekannt. Er entstand spätestens Anfang des 13. Jahrhunderts und wird auch Grauer Turm genannt. Er hatte ursprünglich vier Etagen und ist heute 20 Meter hoch.

Als Ende des 13. Jahrhunderts der letzte Graf von Nürburg starb, fiel die Nürburg vollständig an das Kölner Erzbistum, das Amtmänner zur Verwaltung von Burg und Ländereien einsetzte. Namentlich bekannt ist der Amtmann Johann von Schleiden, der die Zwingermauern als zweiten Befestigungsring errichten ließ. Besonders pfiffig durchdacht war die Anlage des nördlichen Zwingers: In die nördliche Ringmauer wurde ein „Schalenturm" integriert. Eindringende Feinde merkten oft erst viel zu spät, dass der Turm nach hinten offen war. Die Burgmannen hatten beim Beschuss aus der höher gelegenen Kernburg freie Schussbahn, während die Eindringlinge keine Deckung fanden.

Im 15. Jahrhundert wurde der äußere Befestigungsring um die Burg gelegt. Nun waren auch die Burgmannenhäuser und die einschiffige Kapelle (1202) vor Angreifern geschützt.

Die Besitzverhältnisse gingen im 15. und 16. Jahrhundert mit der Burg als Schuldpfand vielfach hin und her, keiner der Besitzer steckte Zeit und Geld in die Erhaltung und Pflege der Burganlage. Die umfangreichen Ausbesserungsarbeiten in den Jahren 1530 bis 1545 konnten den Verfall nur verzögern, aber nicht verhindern.

Soldaten bringen den Ruin

Ende des 16. Jahrhunderts plünderten niederländische Soldaten die Nürburg. 1633, im Dreißigjährigen Krieg, fiel sie an die schwedischen Truppen und wurde nach Ende des Krieges 1674 von den kaiserlichen Truppen erobert, nur um dann 1689 von französischen Soldaten zerstört zu werden. Eine Weile nutzte das kurkölnische Amt Nürburg den Bergfried noch als Gefängnis, doch im Jahr 1752 wurden auch die Kerker als „ganz ruiniert" bezeichnet. Danach wurde die Burg dem Verfall überlassen, bei vielen Neubauten im Umland nutzten die Bauherren die Ruine als Steinbruch.

Erst im folgenden Jahrhundert begannen die ersten Schutz- und Sicherungsarbeiten. Die Nürburg war 1815 an die preußische Domänenverwaltung gekommen, diese restaurierte den Bergfried, um ihn als trigonometrischen Punkt zu nutzen. Zeitgleich wurde die Vorburg abgerissen. Ihre Bausubstanz war nicht mehr zu retten. Im Jahr 1846 erhielt der Hauptturm eine neue Gewölbekuppel, 1871 folgten eine Steintreppe und eine Brüstung für den Turm, um ihn als Aussichtsturm nutzen zu können. Sieben Jahre später wurde das Doppeltor der Hauptburg umfassend saniert. Ab 1953 übernahm die staatliche Schlösserverwaltung (heute: Generaldirektion Kulturelles Erbe Rheinland-Pfalz, Direktion Burgen, Schlösser, Altertümer) die Sicherung der Burgruine, sie veranlasste bereits mehrfach umfangreiche Sanierungen in allen Bereichen der Burganlage. Besonders gut gelungen sind die schiefergedeckten Kegeldächer der fünf Zwingertürme.

Anfahrt

Nürburg liegt an der B258. Diese erreichen Sie über die A1 (Autobahnende bei Blankenheim), über die A48 (Ausfahrt Ulmen) und über die A61 (Ausfahrt Wehr), dann B412.

ÖPNV

Bus 528 von Adenau, Haltestelle Kirche Nürburg (Schulbus + AST: Fahrtanmeldung: 02696 332).

Übernachtung und Restaurant

Gästehaus Villa Hügel,
www.villa-huegel.com
Restaurant Zur Nürburg,
www.zur-nuerburg.de

Erlebnisse und Veranstaltungen

Wandern zur Hohen Acht, dem höchsten Berg der Eifel.

Kontakt

Nürburg
53520 Nürburg
Burgverwaltung: Hans Peter Hofmann, Telefon 02691 2704 und 0171 644 9644, info@dienuerburg.de
Geöffnet: April bis Oktober tägl. außer Dienstag 10 bis 18 Uhr, November und März Samstag und Sonntag 11 bis 17 Uhr.

Burg Olbrück – Die Burg auf dem Vulkan

Die Olbrück, wie die Einheimischen ihre Burg Olbrück liebevoll nennen, ist von Weitem zu sehen. Der steil abfallende Burgberg ist ein 440 m hoher Vulkankegel aus Phonolith. Im Deutschen wird dieser grünlich-graue Stein auch Klingstein genannt, weil er beim Anschlagen einen unerwartet hellen Klang hat.

Viele Herren prägten die Burg

Bereits die Kelten und Römer hatten hier ihre Überwachungsposten. Vermutlich entstand um 1050 auf Geheiß der Grafen von Wied eine erste Burg. Zwar ist bereits 1093 in der Stiftungsurkunde für die Abtei Maria Laach die Rede von einem Burchardus von Olbrucke, also dem Burkhard von Olbrück. Die Historiker sind sich aber einig, dass es sich bei der Urkunde um eine Fälschung aus dem 13. Jahrhundert handelt, deshalb ist auch die Existenz dieses Herrn nicht historisch belegt. Doch auch in der zweiten Stiftungsurkunde von 1112 taucht ein Burghardus von Oreburch auf. Dieser Burkhard von Olbrück entstammte aus einer Seitenlinie der Grafen von Wied.

Als die Seitenlinie von Olbrück 1148 erlosch, fiel sie an die Hauptlinie derer zu Wied, die ihrerseits 1244 ausstarben. Die Burganlage erlebte in den folgenden Jahrhunderten eine Vielzahl von Bewohnern. Das ging nicht immer friedlich vonstatten, nachdem sie zur Ganerbenburg geworden war. Deshalb bedurfte es im Jahr 1345 sogar des schriftlich fixierten Burgfriedens von Olbrück.

Eine Burg mit perfektem Rundumblick

Bis heute wird das Bild der Burg Olbrück von ihrem freistehenden Wohnturm (Donjon) aus Bruchsteinen bestimmt. Datiert wird er wegen seines rechteckigen Grundrisses in das 14. Jahrhundert. Er hatte seinen einzigen Zugang im zweiten Stock, der über eine Zugbrücke mit einem Nebengebäude verbunden war. Das bot einen guten Schutz gegen Angreifer. Dies wird die Zeit gewesen sein, in der der rautenförmige Grundriss der Burganlage festgelegt wurde. Außerdem wurden ein Versammlungssaal mit dem Namen „Rotes Haus" und eine Kapelle gebaut.

Schwedische Soldaten eroberten die Burg 1632 während des Dreißigjährigen Krieges und gaben sie nach einem Jahr unversehrt zurück. Im Jahr 1689 dachte der damalige Burgverwalter Engelbert von Keiffenheim zwar noch im Angesicht der brennenden Burgen in Rheineck, Burgbrohl und Sinzig, dass er mit einem hohen Bestechungsgeld an einen französischen Offizier dieses Schicksal von Olbrück abwenden könnte. Doch leider entdeckte vier Tage später der im Tal vorbeiziehende General de Sourdis die unversehrte Burg und legte sie in Schutt und Asche.

Ab 1690 bauten die Franzosen Olbrück wieder auf. Sie war nun Verwaltungssitz, die Architektur war weniger wehrhaft und umfasste den repräsentativen Palas, der das Rote Haus ersetzte und von dem heute noch Mauern zu sehen sind.

1797 wurde Olbrück als Wohnsitz aufgegeben, die Ländereien wurden verkauft. Die Burg wurde zu einem beliebten Steinbruch für die Bewohner der umliegenden Orte. Nachdem Preußen die Ruine 1815 gekauft hatte, gab es nur wenige Erhaltungsmaßnahmen wie den Aufbau des Bastionsturms im Jahr 1875. Drei Jahre später wurde Olbrück erneut verkauft. Keiner vermag zu sagen, was den Freiherrn Oscar von Ekesparre von der Ostseeinsel Oesel dazu veranlasste, genau diese Burg zu erwerben. Jedenfalls baute er den Bergfried aus, erneuerte den unteren Torbau und sicherte die Fensterachsen des Palas.

Seit 1980 steht Burg Olbrück unter Denkmalschutz. Der langjährige Eigentümer Rainer Maria Schlitter, ein Architekt aus Düsseldorf, setzte sich für die Sicherung und Erhaltung der Burg ein. Die Verwaltungsgemeinde Brohltal und die Deutsche Stiftung Denkmalschutz finanzierten die Sanierungen, durch die sie 2001 sogar Besuchern zugänglich gemacht werden konnte.

Der Schwarze Fuchs

Nachts ist ein Besuch der Burgruine Olbrück nicht anzuraten. Der Sage nach umkreist ein schwarzer Fuchs den Burgberg und heult entsetzlich. Es soll sich dabei um die Seele des Dieners Benno handeln. Burggraf Otto nahm an einem Kreuzzug ins Heilige Land teil und machte den Fehler, seinen Diener Benno als Burgvogt einzusetzen. Er hielt ihn für treu und zuverlässig. Er irrte sich gewaltig in ihm: Kaum hatte Otto seiner Burg den Rücken zugekehrt, führte sich Benno auf, als sei er bereits der Herr über Burg und Ländereien. Er drangsalierte das Volk, die Frondienste wurden verdoppelt, wer seinen Zehnt nicht entrichten konnte, landete im Burgverlies. Benno hingegen feierte rauschende Feste. Die gefangenen Bauern stöhnten und jammerten, weil sie von Hunger, Durst und Ungeziefer gepeinigt wurden.

Darüber spottete der Vogt gegenüber seinen Gästen: „Hört ihr, wie meine Füchse bellen?" Das ließen sich die Bewohner von Niederdürenbach nicht lange gefallen, das gequälte Landvolk sann auf Rache. Der Schneider konnte die Flöte spielen und hatte einen Plan: Als auf der Burg wieder ein wildes Gelage gefeiert wurde, zog er mit einem Fronbauern, der die Fiedel geigte, zum Burgtor. Die beiden erboten sich, zum Tanze aufzuspielen und wurden eingelassen. Im Laufe des Abends gelang es den beiden sogar, den Torwächter abzulösen, weil dieser auch feiern wollte. Als Benno und seine Zechgenossen ihren Rausch ausschliefen, öffneten der Schneider und der Bauer die Burgtore und die mutigsten Dorfbewohner stürmten die Burg. Die Gefangenen wurden aus dem Verlies befreit, in das nun Benno gesperrt wurde. Als Otto nach seinem Kreuzzug in die Heimat zurückkam, hielt er Gericht über seinen treulosen Burgvogt. Bennos Leben endete am selben Tag am Galgen. Seine schwarze Seele fand aber keine Ruhe und irrt seither als Strafe für seinen Spott als Fuchs durch die Nacht.

Anfahrt

A 61 Abfahrt Niederzissen, Richtung Kempenich/Niederzissen, in Oberzissen links nach Niederdürenbach-Hain. Im Ort ist die Burg ausgeschildert.

ÖPNV

Museumseisenbahn Brohltalbahn (Vulkan-Expreß) bis Bahnhof Oberzissen (Mai bis Oktober Dienstag, Donnerstag, Samstag und Sonntag), 2,5 km Fußweg bergauf.

Übernachtung und Restaurant

Übernachtung in den umliegenden Ortschaften. Burgkiosk mit Getränken und Snacks.

Erlebnisse und Veranstaltungen

Rundumblick von der Wehrplatte des Burgfrieds.
Audiovisuelle Führung durch die Burganlage in Deutsch, Englisch und Niederländisch.
Großer Spaß für kleine Besucher: der Kinderspielplatz sieht aus wie eine Burg!

Kontakt

Burg Olbrück
Burgstraße 1
56651 Niederdürenbach-Hain
Geöffnet: April bis Oktober Dienstag bis Sonntag 11 bis 18 Uhr, Burgführung jeden 1. Sonntag im Monat.

·····> www.olbrueck.de

Burg Pyrmont – Garant für romantische Burghochzeiten

Der Schieferfelsen hoch über dem Elztal mit dem Namen Pyrmont wurde bereits im Jahr 953 urkundlich erwähnt. Es muss um 1200 gewesen sein, als Cuno von Schönberg darauf die gleichnamige Felsenburg baute. Sein Sohn Cuno II. wurde 1225 als Herr zu Pyrmont in einer Urkunde genannt. Diese im Stil der Stauferzeit gestaltete Burg hatte einen 24,5 m hohen Rundturm als Bergfried. Er wurde als Donjon ausgestaltet, also als Wohnturm und Wehrturm gleichermaßen. Das war im Mittelrheingebiet damals noch unüblich und spricht für die Fortschrittlichkeit der Bauherren.

Die Herren von Pyrmont

Die Burg bildete zusammen mit einer Mühle und einigen Höfen eine kleine reichsunmittelbare Herrschaft. Cuno VI. von Pyrmont heiratete um das Jahr 1400 Margaretha von Schönburg, die Erbin und Enkelin des letzten Herren von Ehrenberg. Sie hatten vier Söhne und drei Töchter. Ab 1426 nannte sich Cuno „Herr von Pyrmont und Ehrenberg". Zum Schutz der Kernburg im 15. Jahrhundert legte er einen Zwinger mit Rundtürmen an und ließ einen tiefen Halsgraben zwischen der Kernburg und der Vorburg graben.

Cunos Söhne waren ziemlich streitlustig. Cuno befürchtete, dass sie nach seinem Tod um das Erbe kämpfen und dabei die Burg Pyrmont als Stammsitz der Familie verlieren würden. Deshalb verfasste er 1441 ein Testament, in dem er allen Familienbesitz unter seinen drei Söhnen Heinrich, Johann und Friedrich aufteilte. Wie gut er seine Söhne kannte, wurde bei Eintritt des Erbfalls klar: Das Testament hielt seine Erben nicht davon ab, sich aufs Heftigste um die Burg Pyrmont zu streiten. Der Hofrichter Graf Johann von Sulz verhängte 1473 über Heinrich VI. sogar die Reichsacht und übertrug dessen Anteil an der Burg auf Heinrichs Bruder Friedrich.

Ihre Blütezeit erlebte die Burg unter Heinrich VII. von Pyrmont. Er war ein enger Vertrauter des Trierer Kurfürsten Johann II. von Baden und wurde 1495 von Kaiser Maximilian I. in den Reichsfreiherrenstand erhoben. Mit seiner ersten Frau, Margarethe Waldbott von Bassenheim, hatte er eine Tochter namens Elisabeth, die 1498 Philipp von Eltz heiratete. Zwar hatte Heinrich VII. mit Katharina Gräfin von der Mark zwei Söhne, dennoch erlosch im Jahr 1524 das Geschlecht von Pyrmont im Mannesstamm. Seine Söhne Eberhard und Johann starben 1514 und 1524 ohne Nachkommen. Also wurde die Tochter Elisabeth zur Erbin, damit fiel Pyrmont an die Grafen von Eltz.

Pyrmont als Karriereleiter

Auch auf Burg Eltz wurde so lange um das Pyrmonter Erbe gestritten, bis eine der Eltzer Erbinnen 1652 ihren Anteil an der Herrschaft Pyrmont an Johann Lothar Waldbott von und zu Bassenheim verkaufte. Dieser konnte aufgrund dieses Besitzes zwei Jahre später zum Reichsfreiherren erhoben werden. Das Trierer Erzbistum kaufte 1695 den Eltzer Teil der Burg, verkaufte ihn aber bereits 1710 an Johann Lothars Sohn Franz Emmerich Wilhelm Waldbott von Bassenheim. Das ermöglichte es Kaiser Karl VI., ihn 1720 in den Reichsgrafenstand zu erheben.

Seinem Enkel Johann Maria Rudolf Waldbott von Bassenheim und dem jeweiligen Stammhalter wurde im Jahr 1764 die Erbritterwürde des Deutschen Ordens verliehen. Johann Maria erlangte 1788 wegen Olbrück und Pyrmont die Zulassung zum westfälischen Grafenkollegium und die Reichsstandschaft. Er hatte nun Sitz und Stimme im Reichstag des Heiligen Römischen Reichs Deutscher Nation.

Ausbau, Zerstörung und Wiederaufbau

Die Waldbotter brauchten nicht aufs Geld zu schauen, als sie ab 1712 die Wehrburg zu einem Schloss ausbauten. Der ehemals dreistöckige Palas und der angrenzende Küchenbau wurden mit einem Dach versehen, das bis zur Spitze des Bergfrieds reichte. Die neuen Fenster bescherten dem Burginneren mehr Licht und der Fassade ein einheitlicheres Bild. Bei der Eroberung der Gebiete westlich des Rheins floh die Grafenfamilie 1789 vor den Truppen Napoleons aus ihrer Burg. Sie konnte sich in ihre rechtsrheinischen Besitztümer retten. 1794 wurde die Burg zum französischen Nationaleigentum erklärt und 1810 auf Abbruch versteigert. Zu diesem Zeitpunkt war sie vollkommen unversehrt.

Franz Georg Severus Weckbecker, der neue Eigentümer, wurde während der Franzosenzeit auch Moselkönig genannt. Der Kaufmann und Rittergutsbesitzer war wohl ein unangenehmer Zeitgenosse, der aber seine guten Kontakte für lukrative Immobiliengeschäfte einsetzte. Er brachte Möbel und Ausstattung in sein Haus in Münstermaifeld. Das Holz der Dachkonstruktionen, die Mauersteine und alles andere Verwertbare verkaufte er. Ohne Witterungsschutz verfielen die verbliebenen Gebäude schnell.

In großer Pracht

Mehrere Versuche, sie wieder aufzubauen, scheiterten. Sie war schon ziemlich verfallen, als die Architekten Hentrich und Petschnigg die Burg 1963 kauften und mit Sicherungsmaßnahmen begannen. Ebenso planvoll wie behutsam gingen sie beim Wiederaufbau vor. Seit 1990 erstrahlt Burg Pyrmont in einer vermutlich vorher nie gekannten Pracht. Die Innenräume der Kernburg sind mit alten und liebevoll ausgewählten Möbeln ausgestattet. Palas und Küchenbau wurden nur mit zwei Stockwerken wiederhergestellt. In allen Nebengebäuden wurden Gästezimmer eingerichtet. Besonders malerisch ist die Burg in den Sommermonaten, wenn die von Trockenmauern gestützten Terrassengärten in voller Blüte stehen.

Der Erhalt der Burg wird heute zu 90 Prozent durch die Vermietung der Säle und Gästebetten für Hochzeiten und andere geschlossene Gesellschaften finanziert.

Anfahrt
A48 Ausfahrt Kaifenheim,
L109 Richtung Burg Pyrmont.

ÖPNV
Der Burgenbus 330 zwischen Bf Treis-
Karden und Bf Hatzenport fährt von
Mai bis Oktober sonn- und feiertags
die Burgen Pyrmont und Eltz an.

Übernachtung und Restaurant
Landgasthof Pyrmonter Mühle am
Fuß des Burgbergs direkt am Elzbach,
www.pyrmonter-muehle.de

Erlebnisse und Veranstaltungen
Der 11,4 km lange Pyrmonter Felsen-
steig führt auf Felsenpfaden und durch
Auenlandschaften von der Pyrmonter

Mühle über den Sammetzkopf
und an der Burg entlang.

Kontakt
Burg Pyrmont
56754 Roes
Geöffnet: An Sonn- und Feiertagen in
den Sommermonaten 11 bis 16 Uhr
(letzter Einlass 15 Uhr). Abweichungen

wegen geschlossenen Veranstaltungen
oder extremen Wetterverhältnissen werden auf der Homepage angekündigt.

····❯ **www.burg-pyrmont.de**

Burg Raeren – Die Wasserburg der Töpfer

Wo der Periolbach in den Iterbach mündet, stand um das Jahr 1300 eine Schmelzhütte für Eisenerz. Sie gehörte als Lehen der propsteilichen Mannkammer zum Aachener Marienstift. Mitte des 14. Jahrhunderts wurde auf dem Gelände der inzwischen stillgelegten Hütte eine Wasserburg erbaut, die von einem doppelten Wassergraben und einigen Teichen umgeben war. In manchen Dokumenten wird die „Untere Burg" genannt, es gab also vermutlich auch eine höher gelegene Burg in Raeren.

Ein zweistöckiger quadratischer Wohnturm namens Donjon dominierte den Burghof, auf dem außerdem ein Küchenbau und einige Wirtschaftsgebäude entstanden. Keiner weiß, wer der Erbauer war. Ein erster namentlich genannter Burgherr war der 1426 gestorbene Johan van den Roideren.

Ian Emens Mennicken, der Meistertöpfer

Rund um Raeren ist der Boden sehr tonhaltig, der Ort war daher schon früh das Zentrum der regionalen Töpferkunst. Die meisten Raerener Töpfer blieben unbekannt, nur ihre Initialen überdauerten auf den kunstvollen Keramiken. Über einen von ihnen ist mehr zu erfahren: Wahrscheinlich um das Jahr 1540 wurde Ian Emens Mennicken geboren, das schließt man aus einer Urkunde von 1560, in der zu lesen ist, dass ihm der Junker Friedrich von der Hagen Geld lieh, er muss also bereits volljährig gewesen sein.

Seine Ausbildung wird er bei seinem Vater absolviert haben, danach ging er vermutlich nach Siegburg, denn sein Meisterstück fertigte er einer Inschrift nach „auf dem hohen Berg", damit kann eigentlich nur der Michaelsberg in Siegburg gemeint sein, wo auch eine Töpferei zu den Handwerksbetrieben der Abtei gehörte. Nach seiner Rückkehr aus Siegburg wurde er vom damaligen Burgherrn mit der Herstellung einer Vielzahl von Keramikgegenständen für den Haushalt der vornehmen Familie beauftragt. Der Name seines Auftraggebers ist nicht mehr bekannt, aber der seines Töpfers bleibt unvergessen.

Fest steht, dass er ein brillanter Töpfermeister mit hohem Bildungsstand war. Er konnte lesen und schreiben und verzierte seine Werke mit einer Vielzahl von Inschriften. Sie waren nicht nur orthografisch richtig, was vielleicht bei genauem Kopieren möglich gewesen wäre. Die Worte korrespondierten darüber hinaus mit den Dekoren seiner Werke. Ihm wird der Entwicklungsschritt vom einfachen Raerener Steinzeug hin zum verzierten Geschirr zugeschrieben und er führte einige neue Töpfertechniken ein. Um 1588 verschwand der Meistertöpfer aus der Raerener Geschichtsschreibung. Wahrscheinlich gab es einen Streit um seine zum Teil als ketzerisch eingestuften Werke. Es wird vermutet, dass er ins Kannenbäckerland im Westerwald zog und dort bis zu seinem Lebensende weiter sein Handwerk ausübte.

Wie Phoenix aus der Asche

Um das Jahr 1580 brannte der Küchenbau von Burg Raeren komplett aus. Welch ein Glück, dass er nicht baulich mit dem Wohnturm verbunden war. Der damalige Burgherr Philipp de Lomont entschied sich gegen einen Wiederaufbau. Stattdessen begann er 1583 einen erheblich größeren Erweiterungsbau, bei dem ein Teil des Wassergrabens mit dem Schutt der umliegenden Töpfereien verfüllt wurde.

Wie schon für den ersten Teil der Burg, so wurde auch bei der Erweiterung durchweg Aachener Blaustein verwendet. Das war das typische Baumaterial der Region, es ist ein dunkelgrauer bis schwarzer Kalkstein, der im Hohen Venn abgebaut wurde und blaugrau bis blaugrün glänzt, wenn er frisch nach dem Schlagen poliert wird. Er sollte nicht mit dem Rechter Blaustein (einem Schieferstein aus Recht bei St. Vith) verwechselt werden.

Es folgte eine unruhige Zeit, in der 1612 die Raerener Kirche niedergebrannt wurde. Was mit der Burg geschah, ist nicht überliefert.

Pfarrer Peter Jakob Grossmeyer erstellte 1693 ein Einwohnerverzeichnis für den ganzen Ort, das einen guten Einblick in den Haushalt der Burg Raeren gibt. Simon Gillissen (40) lebte dort mit seiner Gattin Isabella (23) und den drei Kindern Maria Catharina (3), Catharina Anna (2) und Franciscus Wernerus (1). Die Familie muss relativ wohlhabend gewesen sein, zum Personal gehörten nämlich eine Wirtschafterin, eine Köchin, zwei Kindermägde, ein Schneider und Diener, eine Zofe, ein Kuhjunge und eine Kuhmagd, ein Pferdeknecht und eine Magd. Simon Gillissen wird als „haereticus" bezeichnet, also als Ketzer oder Ungläubiger. Vermutlich waren sie Pietisten.

Peter Joseph de Nys wurde 1791 Eigentümer der inzwischen baufälligen Burg Raeren. Er war Advokat von Beruf und hatte ein gutes Händchen für Architektur, denn seine Umbaumaßnahmen fügten sich zu einem harmonischen Ganzen. Er veranlasste die Aufstockung des Nordwestturms, die gotischen Spitzbogenfenster, die runden Turmzimmer auf allen Etagen und den Balkon in der Nordmauer.

Im Jahr 1856 vernichtete ein Feuer alle landwirtschaftlichen Gebäude der Burganlage. Sie wurden anschließend wieder aufgebaut. Einmal mehr war man froh, dass der Wohnturm und die Nebengebäude baulich getrennt waren und nicht ebenfalls den Flammen zum Opfer fiel. Im Jahr 1952 waren dies die ersten Gebäude Ostbelgiens, die unter Denkmalschutz gestellt wurden. Seit 1960 ist die Gemeinde Raeren Eigentümerin der Burg. 1963 wurde darin ein Töpfermuseum eröffnet. 1982 brannte die Burg erneut aus, das Feuer vernichtete alte Bausubstanz und etliche Exponate des Museums. Erneut wurde die Burg aufwendig restauriert.

Anfahrt

A4 bis Aachen, dort auf der A44 zur Ausfahrt Aachen-Lichtenbusch, B258 Richtung Monschau, nach 8 km rechts Richtung Raeren.

ÖPNV

DB Hauptbahnhof Aachen, von dort Bus 14 Richtung Eupen Bushof bis Eynatten Merols, dort Bus 722 Richtung Lichtenbusch Grenze bis zur Haltestelle Raeren Mühlenstraße.

Übernachtung und Restaurant

Gastronomie und Unterkünfte in Raeren (B) und Roetgen (D).

Erlebnisse und Veranstaltungen

In der Burg befindet sich ein Töpfereimuseum.
Jedes Jahr im September findet auf Burg Raeren der große Euregio-Keramikmarkt statt.

Kontakt

Burg Raeren, c/o Töpfermuseum Raeren | Burgstraße 103
B-4730 Raeren (Belgien)
Telefon +32 (0)87 850903
info@toepfereimuseum.org
Geöffnet: täglich außer montags 10 bis 17 Uhr.

...⟩ www.toepfereimuseum.org

Burg Ramstein – Gotik am Butzerbach

Gut geschützt von höheren Bergrücken hebt sich ein 182 Meter hoher roter Buntsandsteinfels aus dem Blätterdach des Meulenwalds ab. Er bietet einen weiten Blick ins Tal der Kyll, die meist ruhig durch ihr breites Bett fließt.

Siedlungsspuren reichen tief in die vorchristliche Zeit zurück. Nur wenige Kilometer südlich suchten bereits Steinzeitmenschen Zuflucht in der Genovevahöhle. In unmittelbarer Nähe der heutigen Burg betrieben die Römer einen Steinbruch für den Bau der Porta Nigra und ein Kupferbergwerk.

Auf dem Felsen entstand unter Erzbischof Radbod von Trier ein landwirtschaftlich genutztes Gut. Sein Nachfolger übertrug es 926 einem Lehnsmann namens Vollmar, der es befestigte. Es wurde als Castrum Ruynstein und Runnesstein bezeichnet. Wie lange dieser Vorgängerbau genutzt wurde, ist unbekannt.

Die rote Burg im Kylltal

Der Trierer Erzbischof Diether von Nassau begann 1300 bis 1307 mit dem Bau einer Burg. Er benötigte einen Posten in strategisch günstiger Lage, um die Römerstraße von Andernach nach Trier zu bewachen. Die Bauarbeiten zogen sich hin, Diethers Nachfolger Balduin von Luxemburg setzte den Trierer Domdechant Johann von Bruch als als Lehnsnehmer ein. Dieser war ein Vertrauter und sollte bei den Bauarbeiten nach dem Rechten sehen. Ein Streit ließ sich dennoch nicht vermeiden, denn der Vogt von Butzweiler, ein luxemburgischer Adliger namens Ritter Arnold von Pittingen, legte 1310 Widerspruch gegen den Bau ein. Er verlor den angestrengten Prozess, denn Erzbischof Balduin konnte nachweisen, dass die Burg auf erzbischöflichem Land erbaut wurde. Kaiser Heinrich IV. entschied daher zugunsten Balduins.

Der Erzbischof führte den Bau fort. Verwendet wurde der rote und graue Buntsandstein aus der Umgebung. Vermutlich wurden dafür auch Steinblöcke verwendet, die entstanden, als zwischen der späteren Vorburg und der Hauptburg ein 4,70 m breiter Halsgraben angelegt wurde. Die ovale Hauptburg nahm den gesamten steil abfallenden Burgfelsen ein und maß 37 x 57 Meter. Zugänglich war sie ausschließlich über eine hölzerne Fallbrücke, die den Halsgraben zwischen Hauptburg und der Vorburg überspannte.

Der Wohnturm war ursprünglich etwa 25 Meter hoch und umfasste vier Geschosse. Im Erdgeschoss befand sich wahrscheinlich die Küche, denn darin entdeckt der Besucher den größten Kamin des Hauses. Ganze drei Kamine und eine Fachwerkwand befanden sich im ersten Stockwerk, das vermutlich die Privatwohnung des Burgherrn war. Darüber lag eine Etage, die aus einem einzigen Saal bestand, der sicherlich eine repräsentative Aufgabe hatte. Das dritte Obergeschoss konnte nicht durch Kamine beheizt werden, hier schliefen wahrscheinlich die Bediensteten.

Leider wirtschaftete eine lange Reihe von Burgherren Ramstein herunter. Jeder von ihnen war vertraglich verpflichtet, die Burg in gutem Zustand zu halten, doch keiner von ihnen behob all die Schäden, die durch Belagerungen, Feuersbrünste, Kriege, Geldmangel, Verwitterung oder schiere Vernachlässigung entstanden waren.

Erst 1488 kam die Rettung in Gestalt des Chorbischofs Dietrich von Stein. Er war auf Lebenszeit mit Ramstein belehnt worden und hielt sich an die Vorgaben des Lehnsherrn, indem er die Burg zügig und fachgerecht renovieren ließ. Nach seinem Tod ging sie an Heinrich von Hartenrode, der sie ebenfalls gut pflegte.

Sie muss in einem solch guten Zustand gewesen sein, dass der Trierer Erzbischof Richard von Greiffenklau zu Vollrads sie zwischen 1511 und 1531 sogar zeitweilig selbst bewohnte. Er machte sich um die Burg verdient, indem er das Problem der Wasserversorgung löste. Einen Brunnen gab es nicht und das Wasser der Butzerbachs musste mühevoll den Burgberg hinauf transportiert werden. In eigens dafür gefertigten Tonröhren ließ er frisches Quellwasser von einer Waldquelle in einer Gefälleleitung zur Burg fließen.

Friedlose Zeiten

Die Burg wurde Lehen der Trierer Domdekanei. Nach dem Beginn des Niederländisch-Spanischen Kriegs 1568 folgte ein Krieg dem anderen, Ramstein wurde für lange Zeit Spielball von Angreifern und Besatzern. Von 1609 bis 1666 wurde im Jülicher Erbfolgekrieg gekämpft. Etwa zur gleichen Zeit (1618–1648) tobte der Dreißigjährige Krieg, in dem die Burg etwa ein Jahr in die Hand der Franzosen fiel und nach der Rückeroberung durch die kaiserlichen Truppen weiter befestigt wurde. Mit dem Versprechen der Wiedervereinigung fielen die Franzosen bei den Reunionskriegen Ludwigs XIV. erneut in Ramstein ein, setzten die Burg in Brand und sprengten den Wohnturm.

Der als Verwalter eingesetzte Hofmann baute zunächst das ebenfalls abgebrannte Wirtschaftshaus auf und zog dort ein. Doch bereits 1786 brach erneut ein Feuer aus. Der damalige Burgherr Anselm von Kerpen begann mit einem Wiederaufbau auf den bisherigen Fundamenten, brachte sein Bauvorhaben aber nicht mehr zum Abschluss, denn mit der Besetzung des Rheinlandes verleibte sich der französische Staat die Burg ein und verkaufte sie im Zuge der Säkularisation auf Abbruch.

Das Anwesen wurde mehrfach weiterverkauft, bis es 1826 Eigentum des Trierer Bierbrauers und Gerbers Franz Ludwig Bretz wurde. Er eröffnete einen ersten kleinen Ausschank für Milch, Bier und Viez, den regionalen Apfelwein. Sein Sohn Nikolaus heiratete die zupackende Catharina Görgen, die Ramstein zu einem beliebten Ausflugsziel mit Hotel und Gasthaus machte.

Anfahrt
A1 Ausfahrt Schweich, B422 Richtung
Ehrang bis Kordel, dort die Kyll über-
queren und hinter dem Bahnhof den
Wegweisern nach Ramstein folgen.

ÖPNV
DB Bahnhof Kordel, knapp 3 km
Fußweg.

Übernachtung und Restaurant
Hotel & Restaurant Burg Ramstein mit
Biergarten auf dem Burggelände.

Erlebnisse und Veranstaltungen
Führungen durch die Burg organisiert
Stephan Moll:
stephanmoll@outlook.com
Wasserfallwanderung im urigen
Butzerbachtal.

Die Rundwanderung auf dem
Römerpfad führt vom Butzerbachtal
zum römischen Bergwerk und einigen
Aussichtspunkten.

Kontakt
Burg Ramstein
Burg Ramstein 1
54306 Kordel
06505 1735
Geöffnet: täglich von 10 bis 18 Uhr
(Sommerzeit) bzw. 11 bis 17 Uhr
(Winter) frei zugänglich

····❯ www.burgramstein.de

Burg Reifferscheid – Stammsitz einer mächtigen Dynastie

Auf einem schmalen Berggrat zwischen den Tälern des Reifferscheider Bachs und des Reinzelbachs erhebt sich der runde Bergfried der Burg Reifferscheid. Wie mag dieser Anblick gewesen sein, bevor die stattliche Burg zerstört wurde? Die Ruine bietet schon bei der Anreise zusammen mit der Talsiedlung einen ebenso malerischen wie authentischen Anblick, dass sich der Betrachter in frühere Epochen zurückversetzt fühlt.

Zwischen den Machtblöcken

Wie alt die Burg Reifferscheid ist, lässt sich nicht sicher sagen. Die urkundlich nachweisbare Geschichte der Burg beginnt ausgerechnet mit ihrer Zerstörung. Kaiser Heinrich IV. war 1077 mit seinem Bußgang nach Canossa in die Weltgeschichte eingegangen. Ende 1105 zwang sein Sohn Heinrich V. ihn zum Thronverzicht. Heinrich von Limburg, den Kaiser Heinrich IV. 1101 zum Herzog von Niederlothringen ernannt hatte, blieb beim anschließenden Machtkampf zwischen Vater und Sohn seinem alten Kaiser treu. In der Chronica regia coloniensis wurde im Jahr 1106 vermerkt, dass Herzog Heinrich von Limburg und Niederlothringen seine Burg Riferschit niederbrannte, damit sie nicht in die Hände des neuen Königs fiel.

Die Niederlothringer hielten an der strategisch günstigen Lage fest und Walram II. Paganus von Limburg und Niederlothringen baute die Ruine zu einer stattlichen Wehrburg mit Burgkapelle aus. In dieser Zeit entstanden die Ringmauer und der runde Bergfried. Eine Seitenlinie der Limburger Grafen übernahm die Burg. Für das Jahr 1130 ist eine zweischiffige romanische Kirche auf dem Burgberg verbrieft. In diesem Jahr wurde Reifferscheid zur Pfarre erhoben. Im Jahr 1195 wurde erstmals ein Adelsgeschlecht mit dem Namen Reifferscheid urkundlich erwähnt, als die Brüder Gerhard und Philipp eine Erbteilung vollzogen. Gerhard behielt die Burg Reifferscheid, Philipp begründete unweit von Reifferscheid eine eigene Linie und baute ab 1202 die Wildenburg.

Raubritter, Grafen und Fürsten

Die Reifferscheider Edelleute gehörten zu den einflussreichsten Familien in der Region und erweiterten ihre Besitztümer in alle Himmelsrichtungen. In der sogenannten kleinen Eiszeit gingen die Erträge aus der Landwirtschaft zurück. Es fiel den Burgherren schwer, ihren luxuriösen Lebensstil zu halten und sie verlegten sich auf die Raubritterei. Johann V. von Reifferscheid war dabei vermutlich zu weit gegangen, denn im Jahr 1385 belagerte der Landfriedensbund die Burg. Diesem Aufgebot der Städte Köln und Aachen, der Herzöge von Jülich und Brabant und des Bischofs von Lüttich gelang es nicht, die Burg zu stürmen. Nach drei Monaten zogen sie im Oktober wieder ab, nachdem ihnen ein kalter Winter vorhergesagt worden war. Das war eine versteckte Kapitulation, denn man hatte Johann von allen Schadensersatzforderungen freigestellt und ihm im Gegenzug nichts weiter als das Versprechen abgerungen, den Mitgliedern des Landfriedensbundes in den nächsten acht Jahren keinen weiteren Schaden zuzufügen.

Dieser Vorfall konnte den Aufstieg der Reifferscheider nicht bremsen: Im Jahr der Belagerung wurde ihr Burgort erstmals als Stadt bezeichnet, 1455 wurden sie in den Grafenstand erhoben, 1804 sogar in den Reichsfürstenstand. Der Hellenthaler Lehrer und Schriftsteller Hermann Ritter nahm die Belagerung als Rahmenhandlung für sein Buch „Godelind von Reifferscheid", das er 1900 im Selbstverlag veröffentlichte.

Gräfin Philippina von Neuenahr war die Witwe Johanns VII. von Salm-Reifferscheid-Dyck. Sie ließ zwischen 1489 und 1491 die Kirche von 1130 zu einer dreischiffigen Hallenkirche ausbauen. Ganz im Stil der Gotik erhielten die Kirchenschiffe hohe Kreuzrippengewölbe. Geweiht wurde sie dem Heiligen Kreuz, erst 1802 ging das Patrozinium auf den Apostel Matthias über. Die Kirche wurde zur Grablege ihrer Stifterin Philippina und weiterer Mitglieder der Grafenfamilie. Bemerkenswert ist die Architektur der Kirche. Sie wurde in die alte Wehrmauer integriert, deshalb verläuft ihre Längsachse nicht geradlinig.

Bei einem Großfeuer im Jahr 1669 brannten die Burg, das Oberdorf und die Kirche fast vollkommen aus. Graf Erich Adolf von Salm-Reifferscheid machte sich sofort an die Bauarbeiten zu einem edlen Barockschloss. Die Verteidigungsanlagen wurden verstärkt, weil sie den inzwischen aufgekommenen Feuerwaffen nicht mehr standhalten konnten. Auch St. Matthias erhielt eine barocke Ausstattung.

Noch bevor alle Häuser auf den Fundamenten des Burgberings wieder aufgebaut waren, marschierten im Jahr 1689 die französischen Truppen in Reifferscheid ein und legten die Burg in Schutt und Asche. Graf Franz Wilhelm von Reifferscheid baute das Schloss erneut im Barockstil auf. Das Wohngebäude wurde barock überformt und mit achteckigen Ecktürmen versehen. Der Bergfried erhielt eine barocke Haube.

Malerische Ruine

Nach dem neuerlichen Einmarsch französischer Truppen im Jahr 1794 wurde die Burg enteignet und auf Abbruch versteigert. Ab 1805 diente die Burg als Steinbruch. Der Bergfried wurde davon verschont. Er bietet bis heute als Aussichtsturm einen fantastischen Ausblick in die Nordeifel bis zu den Ardennen.

Fürst Leopold von Salm-Reifferscheid-Dyck kaufte 1889 die Stammburg seiner Familie zurück. Fürstin und Altgräfin Cecilie zu Salm-Reifferscheid Krautheim und Dyck übertrug die Burg 1965 der Gemeinde Hellenthal zum symbolischen Preis von einer Deutschen Mark, die seither die Ruine vor dem weiteren Verfall bewahrt. Die Gebäude in der Vorburg sind zum Teil vom Eifelverein gepachtet, zum Teil privat bewohnt. Die ehemalige Remise wird als Café genutzt.

Anfahrt
A1 Ausfahrt Euskirchen-Wißkirchen, A266 bis Gemünd, B265 Richtung Hellenthal, in Blumenthal L117 bis Reifferscheid.

ÖPNV
DB Bahnhof Kall, Bus 808 Richtung Hellenthal bis Blumenthal, von dort mit dem Ruftaxi (02696 332) bis Reifferscheid.

Übernachtung und Restaurant
Unterkünfte und Gastronomie im Ort.

Erlebnisse und Veranstaltungen
Führungen durch Burg und Kirche im Sommerhalbjahr.
Burgfest am dritten Wochenende im September.
Weihnachtsmarkt am ersten Advents-wochenende.

Kontakt
Burg Reifferscheid
Zehntweg
53940 Hellenthal-Reifferscheid
Geöffnet: jederzeit frei zugänglich

Burg Reuland – Stolze Ritterburg im Dreiländereck

Wo die Ardennen enden und die Eifel beginnt, erregt die Ruine der Burg von Reuland die Bewunderung ihrer Besucher. Trotz ihrer Größe ist die heutige Ruine nur ein kleiner Teil der ehemaligen Burg. Die gewaltigen Mauern, die früher den äußeren Burghof umschlossen und bis ins Ulftal reichten, sind verschwunden. In den heute noch stehenden Mauern lag einst die Wohnung der Herrschaft.

Eine Burg mit langer Geschichte

Archäologische Befunde belegen ein festes Kastell aus der Römerzeit und einen Burgplatz aus der Frankenzeit. Es wird davon ausgegangen, dass die Franken hier eine Residenz für ihre Könige einrichteten, die in deren Abwesenheit von einem Burggraf verwaltet wurde. Die Könige lebten damals nicht in einem festen Schloss, sondern zogen durch ihr Herrschaftsgebiet und nahmen dabei verschiedene Schlösser, Güter und Burgen zur Residenz. Nach dem Tod Kaiser Karls des Großen, der sich mehrfach in Reuland aufgehalten hatte, wurden das Schloss und seine Ländereien Eigentum der Burggrafenfamilie.

Die lokalen Historiker berichten von Zerstörungen im Jahr 882 durch die Normannen und 961 durch die Ungarn. Um weitere Gräuel zu verhüten, wurde das Schloss mit starken Türmen und festen Mauern 963 als reine Wehrburg wieder aufgebaut. Der große Turm an der Westseite wird daher auf das 10. Jahrhundert datiert. Der kleine nördliche Turm ist sogar noch älter, denn seine Grundmauern stammen aus der Römerzeit.

Der Löwe und seine Familie

Die Herren von Reuland wurden erstmals in einer Urkunde aus dem Jahr 1148 erwähnt, das Geschlecht dürfte jedoch älter sein, denn es gab bereits 1128 einen Abt von Stavelot-Malmedy mit dem Namen Johann I. de Reulant. Im 12. und 13. Jahrhundert wurde die Burganlage in ihrer jetzigen Form erbaut. Es gab einen Burgbering, der von einem Graben umgeben war und der große Bergfried wurde in die Höhe gemauert. Zur Wehranlage gehörten eine Zugbrücke und ein Wassergraben, die Grundfläche betrug inzwischen üppige 65 x 55 Meter.

Die Reulander galten als loyal und treu. Ritter Dietrich von Reuland beteiligte sich an Barbarossas drittem Kreuzzug. Wegen seiner Tapferkeit erhielt er den Beinamen „der Löwe". In der Schlacht vor Akkon starb er den Heldentod, nachdem er das Heer der Kreuzfahrer zum Sieg geführt hatte.

Als Arnold von Reuland im Jahr 1313 kinderlos verstarb, erbten die Grafen von Blankenheim die Burg Reuland und die zugehörigen Ländereien. Diese Grafen verkauften die Besitzungen an Johann den Blinden, der Graf von Luxemburg und zugleich König von Böhmen war. Obwohl Johann 1337 und 1340 durch eine schwere Krankheit beide Augen verlor, ging er als großer Kämpfer und Kriegsheld in die Geschichte ein. Er fiel in der Schlacht bei Crécy im Jahre 1346.

Sein Sohn Wenzel I. folgte ihm als Herr von Reuland. Er war weit weniger beliebt, galt als grausam und wurde meist in Begleitung eines Scharfrichters gesehen. Ganz anders entwickelte sich dessen Sohn, Wenzel II. Dieser übertrug im Jahr 1384 seinem Ratgeber Edmund von Engelsdorf die Burg Reuland als Lehen und machte ihn zum Erbkämmerer des Herzogtums Luxemburg und der Grafschaft Chiny. Seit dieser Zeit waren die Herren von Reuland stets Erbkämmerer dieser Länder. Im Volksmund geht die Sage, dass der Schlüssel zum Schloss Reuland die Tore der Stadt Luxemburg öffne.

Edmunds Enkelin Alverade heiratete 1410 Werner von Palant. Über 200 Jahre regierten nun die Grafen von Geschlecht Palant in Reuland. Sie ergänzten den Bau ab Mitte des 15. Jahrhunderts um halbrunde Geschütztürme und verwandelten im 16. Jahrhundert die wehrhafte Burg in einen repräsentativen Herrschaftssitz. Eine Ansicht aus dem Jahr 1592 zeigt eine schlossähnliche Anlage mit Gärten und Weihern.

Mit dem Tod von Balthasar von Palant endete 1623 die männliche Linie. Als 1666 Ottilia von Palant-Reuland starb, gab es keine Nachkommen mehr, die den Namen dieser Adelsfamilie weiterführten. Der Ehemann von Balthasars Enkelin, Graf Johann Franz von Berghes, wurde der neue Herr von Reuland.

Zerstörende Brände und rettende Restaurierungen

1689 schoss das Heer des französischen Königs Ludwig XIV. 1689 Burg Reuland in Brand und eroberte sie, musste sie aber bereits 1714 an Österreich abtreten. Graf Ferdinand von Berg war zu dieser Zeit Herr von Reuland. Als dieser 1736 kinderlos starb, fiel Reuland an Luxemburg zurück, das es durch Verwalter regieren ließ. Der letzte Verwalter hieß Johann-Georg Franziskus Wolf. Inzwischen war in Frankreich die große Revolution ausgebrochen. Die Franzosen eroberten Burg Reuland im Jahr 1794 und zerstörten das Schloss. Es wurde nicht wieder aufgebaut, sondern 1804 auf Abbruch verkauft.

Die Ruine und die dazugehörigen Güter gingen in den Besitz der Familie Mayeres aus Reuland über, die sie später als Schenkung an die Gemeinde weitergab. In den Jahren 1901 und 1902 nahm sich die Preußische Rheinprovinz der alten Gemäuer an und führte einige Restaurierungen und Sicherungsarbeiten durch. Dabei wurde auch der dreigeschossige Bergfried in der Südwestecke teilweise wieder aufgebaut. Seit 1923 gehört das Burggelände dem belgischen Staat, 1986 kaufte er die Burg hinzu. Seit 1988 restauriert der belgische Staat die Burg schrittweise.

Anfahrt
A60 (E42) Ausfahrt Steinebrück, Burg Reuland ist gut ausgeschildert.

ÖPNV
DB Hauptbahnhof Aachen, Bus 14 bis Eupen Bushof, von dort an Bus 394 bis St. Vith An den Linden und Bus 395 bis Reuland Bahnhof.

Übernachtung und Restaurant
Im Ort Burg-Reuland, Unterkünfte unter www.reuland-ouren.be.

Erlebnisse und Veranstaltungen
Mittelalterfest Anfang Juli
An der Burg gibt es von Mai bis September einen Infopavillion Führungen, auch in Deutsch, auf

Anfrage unter
0032 (0) 80 329131
Radtour auf der Trasse der alten Vennbahn durch drei Länder von Aachen durch Belgien bis nach Troisvierges in Luxemburg.

Kontakt
Burg Reuland
Burg-Reuland 24
B-4790 Burg-Reuland
Geöffnet: ganzjährig ohne Eintrittsgeld zugänglich.

Burg Rittersdorf – Wasserburg an der Nimsfurt

Wasserburgen sind in der Eifel eine Seltenheit. Als Beobachtungsposten und zum Schutz vor Angreifern boten sich in diesem Mittelgebirge zahlreiche Felssporne und Hügel an. Wer allerdings im Bitburger Gutland eine Burg bauen wollte, sah sich in einer schutzlosen Senke nach einem geeigneten Bauplatz um. Fündig wurde er am Ufer der Nims, die auf der einen Seite eine Barriere darstellte und zugleich genug Wasser führte, um die Wassergräben zu speisen, die rund um die Burg angelegt wurden.

Sicherheit für die Römerstraße

Obwohl es in der Geschichte der Burg Rittersdorf einige Ritter gab, entstand ihr Name auf andere Weise. Bereits 962 übergab Kaiser Otto I. seinen Besitz „Ratherdorf" (= Ratsherrensitz) der Abtei St. Maximin zu Trier. Im Jahr 1050 war aus Rathersdorf Rittersdorf geworden und das Dorf wurde zum Pfarrort erhoben. Die Anfänge der Wasserburg liegen wahrscheinlich im zweiten Viertel des 13. Jahrhunderts, einen ersten sicheren Hinweis auf eine bewohnbare Burg enthält eine Urkunde aus dem Jahr 1263. Der Trierische Ritter Johannes, genannt Lupus, erteilte darin einem Theodoricus de Retirsdorf die schriftliche Erlaubnis, ein „domus et munitio" zu erbauen. Diese „Wohnung mit Festung" solle er dann dem Grafen Heinrich V. von Luxemburg zum Lehen auftragen. Theoderich von Rittersdorf tat wie geheißen. Auch im Mittelalter war die Römerstraße von Köln über Prüm und Bitburg nach Trier eine wichtige Verkehrsverbindung. Die neue Burg diente vermutlich dem Schutz dieses Handelswegs an einer Furt in der Nims.

Wie sich bald zeigte, bot der Wassergraben keinen sonderlich guten Schutz gegen Angreifer. Ein Burgturm mit dicken Mauern und hohem Einstieg war für den Bauherrn das Mittel der Wahl. Dafür benötigte er aber nach damals geltendem Baurecht eine königliche Erlaubnis. Es sollte bis 1290 dauern, bis König Rudolf von Habsburg die Erlaubnis zum Bau eines bewohnbaren Bergfrieds gab. Dietrich von Rittersdorf begann unverzüglich mit den Bauarbeiten für einen 26 Meter hohen, runden Bergfried mit einem Durchmesser von gut sieben Metern.

An der Basis sind die Wände etwa zwei Meter dick und werden weiter oben etwas dünner. Auf sieben Etagen waren die Räume mit zeitgemäßem Komfort ausgestattet. Jeder Raum verfügte über einen Kamin, auf jeder Etage befand sich ein Abort. Die Bewohner konnten also einer Belagerung relativ entspannt entgegensehen. Der Einstieg befand sich in einer Höhe von 3,5 Metern, sodass Angreifer eine ziemlich lange Leiter oder andere Hilfsmittel benötigten. Das Dachgeschoss mit seinen breiten Fensteröffnungen wurde als Ausguck und Wehrplatte konzipiert.

Die Bauarbeiten dürften zügig vonstattengegangen sein, denn im Rahmen der Sanierungsarbeiten in den 1980er-Jahren wiesen die dendrochonologischen Untersuchungen als Fälldatum für das Holz das Jahr 1294 aus.

Der runde Wohnturm an der Nordseite wurde um das Jahr 1300 ergänzt, etwas später folgte der quadratische Wohnturm. Im Jahr 1340 änderten sich die rechtlichen Verhältnisse: Dietrich von Rittersdorf trug seine Burg dem Trierer Erzbischof Balduin von Luxemburg zum Lehen auf.

Spätgotischer Ausbau

Eine Vielzahl von Besitzern folgten aufeinander, bis im Jahr 1521 die Edelherren von Enschringen Inhaber des Lehens Rittersdorf wurden. Johann von Enschringen war zu dieser Zeit kaiserlicher Rat zu Luxemburg und kurtrierischer Kanzler. Er kaufte 1525 die etwa drei Kilometer nordwestlich gelegene Burg Ließem und veranlasste einen umfassenden Ausbau der beiden Burgen.

Etwa im Jahr 1550 wurde die Burg Rittersdorf um ein dreigeschossiges großes Wohnhaus mit zwei Rundtürmen ergänzt, unter dem ältere Fundamente vermutet werden. Der quadratische Pallas wurde im Stil der Spätgotik ausgestaltet und mit einem hohen Walmdach versehen. Ausgestattet wurde der Pallas mit einer eindrucksvollen Mischung aus spätmittelalterlicher Wohnkultur und Details im Renaissancestil. Bauherr war vermutlich Johanns Sohn Ruprecht von Enschringen zu Schwarzenberg.

Er wurde 1563 zum Propst von Sankt Simeon zu Trier ernannt, sein Bruder Laudolf wurde neuer Burgherr zu Rittersdorf. Im Jahr zuvor hatte er Margarethe von Manderscheid-Virneburg zu Waldeck geheiratet. Als 1575 das prächtige Renaissanceportal des Haupttors gestaltet wurde, gab Laudolf das prunkvolle Familienwappen in Arbeit, das bis heute über dem Tor zu sehen ist.

Seit 1573 bewohnte Laudolfs und Ruprechts Schwester Jeanette zusammen mit ihrem Ehemann Jakob von Lontzen die Burg Ließem. Ihr Erstgeborener übernahm Ließem. Sein jüngerer Bruder Ludwig von Lontzen kaufte 1605 seinen Basen Maria und Anna Amalia Enschringen die Burg Rittersdorf ab.

Im Dreißigjährigen Krieg und im Pfälzischen Erbfolgekrieg wurde die Burg schwer beschädigt. Johann Unbescheiden übernahm das Anwesen 1708 und begann 1720 mit dem Wiederaufbau. Seine finanziellen Mittel ließen nur eine einfache Ausführung zu, aber sein Engagement trug erheblich zur Rettung der Bausubstanz bei.

Burg Rittersdorf kam nach einigen Besitzerwechseln in den Besitz der Gemeinde, wurde zwischen 1978 und 1987 wiederhergestellt und wird heute als Heimatmuseum, Trauzimmer und Restaurant genutzt. Im Burgsaal kann jedermann nach vorheriger Buchung an einem Rittermahl nach mittelalterlicher Art teilnehmen.

Anfahrt
A60 Ausfahrt Bitburg, B51 Richtung
Bitburg, erste Ausfahrt Richtung
Nattenheim, dort weiter auf der
Rittersdorfer Straße.

ÖPNV
DB Trier Hauptbahnhof, Bus 400 bis
Bitburg ZOB, dort Bus 201 oder 432
nach Rittersdorf.

Übernachtung und Restaurant
Restaurant Herrmann's in der Burg,
Telefon 06561 96570

Erlebnisse und Veranstaltungen
Der Wanderweg 79 des Naturparks
Südeifel ist 11,7 km lang und führt
rund um Rittersdorf.
Fototipp: Der 50. Breitengrad verläuft
genau durch Rittersdorf und ist auf der
Straße markiert.

Kontakt
Burg Rittersdorf
Bitburger Straße 30
54636 Rittersdorf
Geöffnet: Außenanlage und Innenhof
ganzjährig

····> www.burgrittersdorf.de

Burg Satzvey – Erhaltung durch Unterhaltung

Wie diese anmutige Wasserburg zu ihrem Namen kam? Vermutlich durch die inzwischen ausgestorbene Familie von Vey, die im frühen Mittelalter hier ansässig war, und ihren „Satz" (mittelhochdeutsch für Sitz) an diesem Ort hatte. Oder vielleicht doch durch das Mittelhochdeutsche Wort „Vey" für Fee, mit dem naheliegenden Veytal, dem Tal der Feen? Eine großartige Burg für Menschen mit Fantasie ist Satzvey in jedem Fall.

Ackerbau und Adel

Erstmals urkundlich erwähnt wurde Satzvey 1246 als Teil einer Schenkung an den Kölner Erzbischof Konrad von Hochstaden. Mit einer Vorburg auf einer eigenen Insel wurde das zweigeschossige Burghaus 1406 erbaut und Ende des 15. Jahrhunderts stärker befestigt; Zwinger und das schöne Torhaus mit den Doppeltürmen rundeten das Bild ab.

1578 belagerte der Herzog von Jülich die Burg, musste sich jedoch dem Erzbischoff von Köln nach drei Jahren ergeben und hinterließ ein trauriges Bild der Verwüstung. Vor einer erneuten Zerstörung durch die Napoleonischen Truppen blieben die Satzveyer 1794 verschont, vermutlich weil die Familie von und zu Gymnich die Landwirtschaft selbst betrieb.

Mit dem Tod von Johanna Freiin von und zu Gymnich fiel Satzvey an ihren Patensohn Max Felix Reichsgraf Wolff Metternich zu Gracht. Zu dieser Zeit war die Burg von allen Seiten von einem Burggraben und vier Weihern umgeben. Dietrich Reichsgraf Wolff Metternich zu Gracht übernahm 1880 die inzwischen verfallene Burg, renovierte den Bestand, ließ zwei der Weiher zuschütten und erweiterte die Burganlage etwa um die doppelte Größe.

Eine zupackende Frau

Sein Sohn Max Felix Hermann hatte drei Kinder. Der Stammhalter Dietrich wurde Soldat, während eine der beiden Töchter, Adeline, in Aachen eine landwirtschaftliche Ausbildung absolvierte. Als ihr Vater 1942 starb, war Dietrich bereits im Krieg als Soldat gefallen, also trat sie sein Erbe an. Sie heiratete 1944 Franz Josef Graf Beissel von Gymnich und ermöglichte dem Kölner Erzbistum, die Fenster des Kölner Doms in der Burg in Sicherheit zu bringen. Ihr Mann geriet in französische und anschließend russische Kriegsgefangenschaft und lernte seine 1945 geborenen Zwillinge Franz Josef und Clemens Dietrich erst nach seiner Heimkehr kennen.

Bei mehreren Bombardements wurden das Dach der Burg und die Unterhäuser wurden schwer beschädigt. Nach dem Krieg kam der Burg zugute, dass die Gräfin die Einrichtung eines Lazaretts erlaubte und einige Menschen vor den Nazis versteckt hatte, die nun bei den Alliierten ein gutes Wort für den Erhalt der Burg

einlegten. Die Gräfin kümmerte sich weiterhin um die Landwirtschaft, die Burg wurde zeitweilig als Kinderheim, als Altenheim und als Knabeninternat genutzt. Ein weiterer Schlag sollte folgen, als 1951 ein schweres Erdbeben einige frisch ausgebesserte Gebäudeteile erneut beschädigte.

Ritter und Hexen halten Einzug

Der erstgeborene Zwilling Franz Josef übernahm 1977 die Burg. Um die Erhaltung des Anwesens zu sichern, plante er 1981 als erster in Deutschland ein Burgfest mit Ritterturnier und Burgmarkt. Im folgenden Jahr machte eine überregionale Fernsehzeitschrift eine Titelgeschichte daraus – der Anfang einer erfolgreichen Veranstaltungsreihe, die bis heute andauert. 1982 lud der junge Graf zu einem Renaissance-Fest unter der Schirmherrschaft des italienischen Botschafters. Unter den fast tausend Gästen war auch die Tochter eines US-amerikanischen Diplomaten, Jeannette Brogan. Als sie frühmorgens im Gästezimmer vom Motorgeräusch eines Traktors geweckt wurde und aus dem Fenster sah, erblickte sie auf dem Fahrersitz den Grafen persönlich, der aufräumte. Vergangene Zeiten trafen auf die moderne Realität – eine äußerst reizvolle Kombination für die junge Amerikanerin. Bereits im nächsten Jahr organisierten die beiden das Ritterfest als Ehepaar.

Im Jahr 2012 übernahm die Veranstaltungsagentur der Tochter Patricia Gräfin Beissel das Eventbusiness. Zu jeder Jahreszeit organisiert sie passende Veranstaltungen: Von Kinder-Märchenwinter, Ostermarkt und Hexenfest über die beliebten Ritterfestspiele, Herbst- und Reitermärkte bis hin zu Halloween. Den Jahresabschluss bildet ein romantischer Weihnachtsmarkt mit mittelalterlichem Krippenspiel im Park, während im Gutshof Weihnachtselfen in ihren kostbaren Gewändern gleichsam Kinder und Erwachsene verzaubern. Auch Firmen- und private Feiern und Hochzeiten können das ganze Jahr über ausgerichtet werden.

Eine alte Sage führt zu einer Tradition

Zu Beginn des 13. Jahrhunderts nahm ein Vorfahre der Familie, Arnold von Gymnich, als Vertrauter Kaiser Friedrichs II. am 5. Kreuzzug teil und geriet in den Sümpfen des Nildeltas in Lebensgefahr. In höchster Not gelobte er, für seine Rettung alljährlich eine festliche Prozession durchzuführen. Nach diesem Schwur, so die Sage, habe eine Nilgans das Pferd Arnolds derartig erschreckt, dass es mit einem gewaltigen Satz sich und den Kreuzritter Arnold aus dem Sumpf befreite. Noch immer ziert die Nilgans im Schilf den Wappenhelm der Beissel von Gymnich. Arnolds Dankesprozession führte um die Gemarkung seines Heimatdorfes Gymnich und wurde zur Tradition. Dem heutigen Besitzer der Burg Satzvey, Franz Josef Graf Beissel von Gymnich, ist es ein Herzensanliegen, die über 800 Jahre alte Tradition des Gymnicher Ritts fortzuführen. Als Protektor der St. Sebastianus Schützenbrüder, der ältesten Schützenbruderschaft der Welt, sorgte er dafür, dass die Prozession sogar im Coronajahr 2020 stattfinden konnte.

Anfahrt

A1, Ausfahrt 111 Wißkirchen, B 266 Richtung Mechernich/Kommern. Links auf L11 nach Satzvey, im Ort ausgeschildert.

ÖPNV

DB Bahnhof Satzvey, von dort gut ausgeschildert, 3 Minuten Fußweg.

Übernachtung und Restaurant

Die Burg bietet Übernachtungsmöglichkeiten.
Burgbäckerei, Senfmühle, Schnitzelhäuschen, Sonntagsbrunch und Hofbiergarten (an den Wochenenden und bei Veranstaltungen).

Erlebnisse und Veranstaltungen

Führungen für Gruppen ab 5 Personen Ostermarkt, Hexennacht & Hexenmarkt, Ritterspiele, Sommertheater, Herbst- und Reitermärkte, Halloween, Burgweihnacht und viele weitere Veranstaltungen.

Kontakt

Burg Satzvey
An der Burg 3
53894 Mechernich-Satzvey
Telefon 02256 95830
info@burgsatzvey.de

····> www.burgsatzvey.de

Schloss Schleiden – Zankapfel der Kirche

Auf dem Bergrücken zwischen dem Dieffenbach und der Olef wird es wohl schon Mitte des 12. Jahrhunderts eine erste Burg gegeben haben, denn 1140 wurde in einer Urkunde ein Herr von Schleyden als Besitzer genannt.

Die Burg als Streitobjekt

In früheren Zeiten musste nach der Rodung eines Waldgebiets ein Teil des Ertrags als Rodungszehnt an die Kirche abgeführt werden. Der jeweilige Erzbischof vergab das Zehntrecht an Klöster, Pfarreien und weltliche Herren. Wegen eines solchen Rodungszehnts entbrannte ein Streit zwischen dem Kloster Steinfeld und den Brüdern Gerhard und Konrad von Blankenheim. Das war ärgerlich für die Beteiligten, während nachfolgende Generationen sich daran freuen, dass es so zu einer Urkunde kam, aus der hervorgeht, dass Brüder in dem Verfahren obsiegten und das Erbe teilten. In der lateinisch verfassten Urkunde aus dem Jahr 1198 verzichtete einer der Brüder auf „silva que est juxta castrum Sleyda", also auf „den Wald bei der Burg Schleiden".

Der Streit war damit nicht dauerhaft beigelegt. Die Steinfelder Mönche erzwangen 1214 gegen Konrad von Schleiden das Recht, in der Burgkapelle Gottesdienste lesen zu dürfen. Konrad besiegelte den Frieden mit der Kirche durch eine Pilgerreise nach Rom, was damals eine sehr gefährliche und beschwerliche Reise war. Konrads Sohn Friedrich ließ 1230 außerhalb der Burg eine kleine romanische Kapelle errichten. Man näherte sich weiter an, doch erst 1317 wurde den Schleidenern das Taufrecht verliehen. Bis dahin mussten alle Neugeborenen, auch im strengsten Winter, auf schlechten Pfaden zur Taufe ins Kloster Steinfeld gebracht werden.

1343/44 erhielt Konrad IV. von Schleiden die Burg als Lehen. Er stammte aus dem Blankenheimer Grafengeschlecht und machte aus der kleinen Anlage eine wehrhafte Burg mit Burgmauer und Bergfried. Schon 1360 wurde die Siedlung unterhalb der Burg als „Stadt" bezeichnet. Sie erlangte Wohlstand durch den genossenschaftlichen Erzabbau und die Tuchweberei. Johann II. hatte keine männlichen Nachkommen, deshalb folgte ihm 1443 Heinrich II. von Nassau-Diez, der Gatte seiner älteren Tochter Irmgard. Die Ehe blieb kinderlos und Johanns jüngere Tochter Elisabeth erbte. Sie war mit einem Grafen von Manderscheid verheiratet. Über sie ging die Burg Schleiden mit ihren Ländereien 1451 an die Manderscheider Grafen. Sie begründeten die Seitenlinie Manderscheid-Schleiden.

Streit der Religionen

Elisabeths Enkel Dietrich IV. von Manderscheid machte im Jahr 1515 eine Pilgerfahrt ins Heilige Land. Nach seiner Rückkehr ließ er eine dreischiffige spätgotische Hallenkirche erbauen. In den Religionswirren der folgenden Jahrzehnte nahm Dietrich an einigen von Kaiser Karl V. einberufenen Religionsgesprächen im thüringischen Schmalkalden teil und wurde von allen Beteiligten als besonnener Schlichter geschätzt. Dies brachte ihm den Beinamen „der Weise" ein.

In Schleiden selbst standen sich die Interessen der katholischen Luxemburger und die inzwischen protestantischen Schleidener gegenüber. Sie waren zu einem großen Teil den Lehrsätzen der in Straßburg lebenden Schleidener Humanisten Johannes Sleidanus und Johannes Sturmius gefolgt. Dies führte zum Bau von Mauern und Toren zwischen der Burg als luxemburgische Garnison und der Stadt als Jülicher Lehen. Mit dem Augsburger Religionsfrieden erhielten die Landesherren das Recht, die Religion zu bestimmen. 1561 wurde in Schleiden das Luthertum eingeführt

Als 1593 die Grafen von der Marck nach erbitterten Erbstreitigkeiten die Burg übernahmen, wurde Schleiden zur Reichsgrafschaft erhoben. Ernst von Schleiden ebnete 1619 den Weg für die Gegenreformation. In der Schlosskirche wurden nun wieder katholische Messen gelesen. Der größte Teil der Schleidener Bevölkerung hielt jedoch am protestantischen Glauben fest.

Von der Burg zum Schloss

Im Eroberungskrieg Ludwig des XIV. zerstörten die französischen Truppen 1689–1702 die Burganlage. Etwa im Jahr 1726 begann der Wiederaufbau, der aus der wehrhaften Burg ein stattliches Schloss machte. Die Schildmauer, der hohe Westturm und die Wehrgänge wurden nicht wieder aufgebaut. Im Norden gab es nun eine freie Zufahrt zum Gebäudekomplex. Nach Süden entstand ein mächtiges Gebäude mit drei Geschossen, das die Schildmauer einbezog. Ein neuer Torbau verband fortan den Südflügel mit dem Ostflügel. Er wird bisweilen nach seinem Architekten J. J. Couven Couvenbau genannt. Der Architekt versah den Palas zur Talseite mit größeren rechteckigen Fenstern. An der Hoffront passte er das alte Wappen von Graf Ernst von der Marck (1614–1654) in das erneuerte Portal ein.

Durch Heirat kam die Burg 1773 in das Eigentum des Herzogs Karl-Maria Raymund von Arenberg. Er trieb den Umbau zum Schloss weiter voran. Er galt als franzosenfreundlich, das kam ihm beim Vordringen der französischen Revolutionstruppen 1794 zugute, er konnte sein Schloss weiter uneingeschränkt nutzen. Die Arenberger verkauften das stark renovierungsbedürftige Schloss 1920 an den Orden der Vinzentiner, der nach einer umfänglichen Renovierung darin ein Internat einrichtete. Es wurde 1939 von der nationalsozialistischen Regierung beschlagnahmt und bei Luftangriffen der Alliierten am 13. Dezember 1944 fast vollständig zerstört. Ab 1951 bauten die Salesianer die Ruine wieder auf und richteten erneut eine Schule darin ein. Wo früher die Schildmauer und der Wehrgang standen, bauten sie eine Remise mit niedrigen Wirtschaftsgebäuden. Mitte der 1980er-Jahre musste die Schule aufgegeben werden. Eine Investorengruppe baute das Schloss zu einer Seniorenresidenz um, die 2001 ihren Betrieb aufnahm.

Anfahrt
A1 Ausfahrt Wißkirchen, B266 bis Gemünd, B265 bis Schleiden.

ÖPNV
DB Bahnhof Kall, Bus 829 zum Busbahnhof Schleiden.

Übernachtung und Restaurant
Restaurant Schloss Schleiden in den Schlossgewölben, www.restaurant-schloss-schleiden.de

Erlebnisse und Veranstaltungen
Ein guter Zwischenstopp auf dem Weg zur Autobahn ist der Nationalpark Eifel mit der ehemaligen Ordensburg Vogelsang hoch über der Urfttalsperre.

Kontakt
Schloss Schleiden
Vorburg 9
53937 Schleiden
Das Schloss kann nur von außen und im Innenhof besichtigt werden.

Burg Schönecken – Viandener Grafensitz und kurtrierische Landesburg

Schon die Kelten mochten diese Gegend und hatten etwa einen Kilometer von der heutigen Burg eine Fliehburg. Ein genaues Baudatum ist nicht bekannt. Vielleicht wurde die Burg mit den beiden lieblichen Namen Clara Costa (= helle Ecke) und Bella Costa (= schöne Ecke) bereits 1130 bis 1150 erbaut, vielleicht aber auch erst um das Jahr 1230. Ihre Lage ermöglicht einen Blick in das Tal der Nims, dennoch liegt sie gut geschützt auf dem niedrigsten Bergrücken des Talkessels. Höhere Berge umgeben sie an allen Seiten. Es muss eine prächtige Festung gewesen sein. Allein die schiere Größe lässt dies erahnen: Die trapezförmige Burganlage ist 120 Meter lang und 60 Meter breit. In dieser Zeit entstanden vermutlich die beiden runden Türme, die auf der Südseite der Ruine zu sehen sind.

Prachtbau der Viandener Grafen

Die Geschichte der Burg ist eng verknüpft mit der Grafenfamilie von Vianden. Graf Heinrich I. von Vianden und seine Gemahlin hatten vier Söhne und zwei Töchter. Yolanda war die ältere Tochter dieses Traumpaars. Als Neunjährige besuchte sie 1240 ihre Tante, die Äbtissin im Kloster Salines war, und entschied sich für den Weg der Kirche. Gegen ihren Willen wurde sie wieder nach Vianden gebracht. Ihre Eltern waren außer sich, denn Yolanda war bereits dem Grafensohn Walram II. von Monschau versprochen. Standesgemäß erschien ihnen das Dominikanerkloster Marienthal auch nicht, für das sich das Mädchen entschieden hatte.

Sie sperrten Yolanda auf Burg Schönecken ein. Historische Dokumente berichten von einem Besuch des Gelehrten Albertus Magnus und des Kölner Erzbischofs Konrad von Hochstaden auf der Burg im Jahr 1247. Grund für diesen Besuch war Yolanda, die Base des Erzbischofs. Er sollte ihr ins Gewissen reden und ihr die Vorzüge einer Eheschließung verdeutlichen. Ganz offenbar gelang ihm dies nicht, denn nach diesem Besuch und weiteren zähen Verhandlungen ließen die Eltern Yolanda 1248 nach Marienthal gehen. Sie blieb dort für den Rest ihres Lebens und wurde Priorin. Auf ihre Initiative wurde die 50 Meter lange, 35 Meter breite Klosterkirche mit fünf Schiffen gebaut.

Nach dem Tod ihres Vaters im Jahr 1264 tobten heftige Erbstreitigkeiten zwischen Heinrich, dem 18-jährigen Sohn ihres bereits gestorbenen Bruders Friedrich, und Philipp, ihrem erst 16-jährigen jüngsten Bruder. Es ging für beide schlecht aus: zwar behielt Philipp die Burg Vianden, aber sie wurde zu luxemburgischem Lehen. Heinrich musste Vianden verlassen und nannte sich fortan voller Stolz Heinrich I. von Schönecken.

Die Getreide-Fehde

Leider war dieser Seitenlinie der Viandener keine lange Zukunft beschieden. Im Jahr 1288 tötete Gerhard von Schönecken im Streit zwei Mönche der Abtei Prüm und fiel bei kirchlichen und weltlichen Würdenträgern in Ungnade.

Auch Hartard von Schönecken ging keinem Streit aus dem Weg. Schenkt man den Überlieferungen Glauben, kamen im Sommer 1340 einige Lanzenknechte aus Schönberg nach Schönecken. Sie sollten Getreide kaufen, weil es daran in der Gegend von Schönberg mangelte. Hartard wies seine Männer an, die Schönberger zu verjagen. Darüber ärgerte sich Otto von Schönberg so sehr, dass er nach Schönecken kam und die Burg belagerte. Dafür hatte Hartard nur Spott übrig. Er machte einen Ausfall aus der Burg und verfolgte Otto bis nach Schönberg. Dort war Otto nicht mehr zahlenmäßig unterlegen, denn ihm kamen seine Untertanen zur Hilfe, für die er ja ursprünglich nur Getreide hatte kaufen wollen. In einem erbitterten Kampf fiel Hartards Sohn. Die Frauen von Schönberg sollen seinen Leichnam in Stücke gerissen und den Hunden zum Fraß vorgeworfen haben. Nun flohen die Schönecker in ihre Burg und wurden von Ottos Mannen belagert. Schließlich sah sich Hartard gezwungen, sich den Abzug der Belagerer mit hundert Gulden zu erkaufen. Hartard fiel 1350 im Kampf für Balduin von Trier.

Der Kurfürst zieht ein

Mit Johann von Schöneckens Tod im Jahr 1370 endete die Linie der Herren von Schönecken. Die Herren von Vinstingen traten nur kurz ihr Erbe an und verkauften Schönecken und die Vogtei zu Prüm an Herzog Wenzel von Luxemburg, der es 1384 dem Trierer Erzbistum verkaufte. Der Kurfürst Kuno von Falkenstein nahm auf der Burg seinen Wohnsitz.

Im Jahr 1643 eroberten Söldner die Burg. Zerstört wurde sie dabei nicht, denn die Geschichtsschreiber berichten davon, dass im Jahre 1650 der spätere Papst Fabio Chigi (Alexander VII.) auf der Durchreise in Schönecken übernachtete. Burg Schönecken brannte 1802 komplett aus und wurde zwei Jahre später unter französischer Verwaltung auf Abbruch versteigert, also als Steinbruch für Neubauten freigegeben. Zum Glück wurde die Burg nicht komplett abgetragen, sodass die Burgruine mit ihren noch erhaltenen Fragmenten der Wehrtürme und Wehrmauern eine Ahnung von ihrer einstigen Pracht vermittelt und eine attraktive Kulisse für Mittelalterfeste bietet.

Im Jahr 1848 ging die Burg ins Eigentum des Königreichs Preußen über, das ab 1906 erste Restaurierungen vornahm. Weitere folgten in den 1970er- und 1980er-Jahren, die neueste Restaurierung wurde erst 2020 beendet. Bauherr war der heutige Eigentümer, das Land Rheinland-Pfalz.

Anfahrt

A1 bis zum Autobahnende bei Blankenheim oder A60 bis zur Ausfahrt Prüm, B51 bis Ausfahrt Schönecken, dort auf L5 bis in die Ortsmitte von Schönecken.

ÖPNV

DB Bahnhof Gerolstein, Bus 411 nach Prüm, Gerberweg, von dort Bus 201 Richtung Bitburg. Oder Trier Hauptbahnhof, Bus 400 bis Bitburg ZOB, von dort Bus 201 Richtung Prüm. Haltestelle Schönecken Busbahnhof.

Übernachtung und Restaurant

Gastronomie und Unterkünfte im Ort.

Erlebnisse und Veranstaltungen

Führungen durch die Burg und Besuche in der Burgkapelle unter 06553 810 Die Burg Schönecken liegt auf dem 6 km langen Keltenweg. Weitere schöne Wanderungen führen zu den Schwindbächen in der Karstlandschaft der Schönecker Schweiz. Schönecker Eierlage am Ostermontag.

Kontakt

Burg Schönecken
54614 Schönecken
frei zugänglich, zehn Minuten Aufstieg vom Ort zur Burgruine.

Ulmener Burgen – Kreuzritterburg am Maar

Hier ging es heiß her. Zuerst in der Erdgeschichte, als vor etwa 11.000 Jahren nach einem Vulkanausbruch das Ulmener Maar entstand, das jüngste aller Eifelmaare. Später dann mit den Kreuzrittern und Raubrittern.

Eine erste Burg wird um das Jahr 1000 erbaut worden sein, erstmals urkundlich erwähnt wurde sie 1074. Im Jahr 1130 wurde sie als Burg Ulmina erneut genannt. Große Bautätigkeit gab es im 12. Jahrhundert, als die Familie von Ulmen in den Ritterstand aufgestiegen war.

Ritter Heinrich und die Staurothek

Jung und euphorisch startete Heinrich von Ulmen 1202 mit seinen adeligen Freunden zum Vierten Kreuzzug. Einerseits wollten sie das Massaker der orthodoxen Byzantiner an den katholischen „Lateinern" im Jahr 1185 sühnen. Noch verlockender aber war die Aussicht auf Reichtum und Ruhm. Im Jahr 1204 erstürmten die Kreuzfahrer Konstantinopel und zogen eine grausame Blutspur hinter sich her. Drei Tage lang mordeten und vergewaltigten sie die Einwohner, plünderten und zerstörten die Stadt. Sie zerstörten unzählige antike Kunstwerke und raubten sogar Kirchen aus. Nach dem Tod des Markgrafen Bonifaz von Montferrat, dem Anführer des Kreuzzuges, vertraute dessen Witwe Ritter Heinrich von Ulmen die Kriegsbeute an. Er sollte sie nach Deutschland zu König Philipp von Schwaben bringen, kam dort jedoch nie an. Stattdessen erreichte er 1208 unbeschadet seine Heimatburg.

Glücklich wurde er nicht mit seinen Schätzen. Sofort belagerte Ritter Werner von Bolanden die Ulmener Burg. Als Teilnehmer des Kreuzzuges kannte er den Wert und die Bedeutung der Beutestücke. Heinrich erkannte, dass er wohl nicht viel Freude an den geraubten und unterschlagenen Gegenständen haben würde. Vielleicht würde der nächste Ritter ihn nicht nur belagern, sondern töten. Also zeigte er sich nach außen fromm und großzügig. Er verschenkte die Kirchenschätze an umliegende Kirchen und Klöster und entzog sie damit dem Zugriff raffgieriger Ritter. Das wertvollste Stück war die Staurothek, das ist ein Behälter, in dem Teile vom Kreuz Christi aufbewahrt werden. Sie ging an das Kloster Stuben, in dem Heinrichs Schwester Irmgard Oberin war. Nach der Säkularisierung wurde es Teil des Limburger Domschatzes. Heinrich erlangte hohes Ansehen und nahm auch am Fünften Kreuzzug teil.

Die Zeit der Raubritter

Heinrich starb 1234 in seiner Heimat. Seine Nachfolger bauten 1292 die Oberburg weiter aus und errichteten etwas unterhalb der Stammburg die sogenannte Unterburg. Beide Burgen wurden in die Ulmener Stadtmauer integriert. Mit Gesetz und Moral nahmen auch sie es nicht so genau. Als die Einnahmen aus dem Lehen sanken, füllten sie ihre Kassen als Raubritter auf. Das ging eine ganze Weile

gut, dann aber endete die damit verbundene Unabhängigkeit. Der Trierer Erzbischof Balduin von Luxemburg und der Kölner Erzbischof Wilhelm von Gennep verbündeten sich und nahmen Ulmen ein. Die beiden Burgen wurden geteiltes Lehensgut der beiden Erzbistümer. Immerhin wurde den Ulmenern gestattet, ihre Burg als Amtmänner zu verwalten. Im Jahr 1490 ging Ulmen ganz auf Kurtrier über.

Die treue Burgfrau

Bewohnt wurden die Burgen spätestens ab 1508 von der Familie Haust von Ulmen. Eine rührende Sage erzählt vom Ritter Phillip Haust von Ulmen und seiner treuen Gemahlin: Der Ritter hatte sich dem Kreuzzug ins Heilige Land angeschlossen. Seine Gemahlin wartete Monate und Jahre auf seine Rückkehr. Abends, wenn die Sehnsucht besonders groß war, nahm sie ihre Harfe und spielte darauf Liebeslieder. Eines Tages streifte sie ihr Pilgerkleid über, nahm ihre Harfe und ihr Hündchen Fulla und brach auf, um ihren Mann zu suchen. Den ganzen langen Weg bis ins Morgenland reiste sie, durchlitt viele Strapazen und fand ihn schließlich auf dem Acker eines reichen Mannes, für den er den Pflug ziehen musste. Man hatte ihm die Zehen und Fingerkuppen abgeschlagen. Sie wollte vor Sorge und Mitleid vergehen, behielt aber einen kühlen Kopf.

Am Abend trat sie vor das Haus des reichen Türken und spielte ihre Harfe. Der Hausherr folgte der Musik und bat sie, in seinem Haus weiterzuspielen. Ihr Gastgeber war von ihrem Harfenspiel so verzückt, dass er versprach, ihr jeden Wunsch zu erfüllen, wenn sie weiterspielte. Er hielt sein Versprechen und entließ den armen Ritter aus der Knechtschaft. Mit Frau und Hund kehrte er zu seiner Burg in Ulmen zurück. Den Ritter gab es tatsächlich, die Geschichte klingt leider zu schön, um wahr zu sein und lässt sich historisch nicht belegen.

Das Ende der Ulmener Burgen

Im 17. Jahrhundert starb die Adelsfamilie Haust von Ulmen aus und die Burgen verfielen. Ludwig XIV., der Sonnenkönig, ließ seine Truppen zwischen 1679 und 1689 mehrfach in Ulmen einmarschieren und brannte den Ort einschließlich der Burgen nieder. Eine Instandsetzung der Oberburg wurde durch den erneuten Einmarsch der Franzosen im Jahr 1794 zunichtegemacht. Nach dem verheerenden Großbrand im Jahre 1831 wurden die zerstörten Häuser in Ulmen mit den Steinen der Burgen wieder aufgebaut, deshalb ist die Unterburg heute fast vollständig verschwunden.

Von der Oberburg sind noch die Ringmauer, die Außenwand des Palas, eine Zisterne und einige Grundmauern erhalten. Sie wurden in früheren Zeiten als Schafmarkt genutzt und sind heute des Öfteren Kulisse für Mittelaltermärkte und andere Veranstaltungen.

Anfahrt
A48, Ausfahrt Ulmen

ÖPNV
DB Cochem, Bus 500 bis Ulmen
Bürgersaal

Übernachtung und Restaurant
Im Ort Ulmen.

Erlebnisse und Veranstaltungen
Mittelaltermarkt am letzten Wochenende im Juni.
Wandern um das Ulmener Maar und
den benachbarten Jungferweiher, dort
beginnt z. B. der 8 km lange Rundweg
„Hexen, Henker und Halunken".

Kontakt
Burg Ulmen
Burgfrieden
56766 Ulmen
Geöffnet: jederzeit frei zugänglich

Schloss Vianden – Der ganze Stolz Luxemburgs

Auf dem langgezogenen Felssporn aus hellgrauem Schiefer steht eine Hofburg vom Feinsten. Sie zieht jeden Besucher bereits bei der Anreise in ihren Bann, wenn er durch das Ourtal oder von den Höhen der Eifel kommt und sie das erste Mal sieht.

Ein bewohnter Wehrbau wächst zur Hofburg

Wo der Schankebach in die Our mündet, fühlen sich seit mehr als zwei Jahrtausenden die Menschen wohl. Keramikfunde aus der Eisenzeit (450–400 v. Chr.) belegen die Anwesenheit vorgeschichtlicher Siedler. Weitere Ausgrabungen beweisen, dass an dieser Stelle um das Jahr 400 n. Chr. ein spätrömischer bewehrter Wachtposten stand. Dieses Kastell schützte die Römerstraße nach Trier und den Flussübergang. Nach der Zeit der Völkerwanderungen stand auf dem Felssporn ein einzelner Wehrturm, der um die Jahrtausendwende durch eine erste Burganlage ersetzt wurde. Sie bestand aus einer Kernburg, einer Vorburg und einer exakt einen Meter dicken Burgmauer. Die Reste des Römerturms wurden in die Kapelle integriert.

Im Jahr 1090 wird mit Bertolphe Comes de Vianne erstmals ein Graf von Vianden urkundlich erwähnt. Es bleibt unklar, in welchem genauen Verhältnis er zu Stephan I. von Sponheim, Gerhard I. von Sponheim und Gottfried von Hamm stand, die um das Jahr 1100 im Zusammenhang mit Vianden genannt wurden. Seit Siegfried I. Graf von Vianden (1154–1163) führten die Burgherren auch den Namen der Burg in ihrem Titel.

Eine der größten Bauaktivitäten erfolgte im Jahr 1170, als auf Geheiß des Grafen Friedrich II. der Wohnturm großzügig ausgebaut wurde. Die Aula ging in einem romanischen Hallenbau auf. Mit dem zehneckigen Grundriss der neuen Kapelle wollte man neue Wege in der Architektur gehen. Ein fünf Meter breiter Wehrgang umgibt die Kapelle. Sie wurde in mehreren Etagen erbaut: Im schlicht gehaltenen unteren Teil konnten die Bediensteten dem Gottesdienst lauschen, der in dem prunkvollen oberen Teil für die Edelleute gehalten wurde. Hier oben saß der Graf noch höher in einer kleinen Loge, die in die Wand eingelassen war. Um 1200 entstand der 30 x 10 m messende Rittersaal, in den einige der älteren Gebäude integriert wurden. Die Vorburg erhielt einen achteckigen Turm.

Heinrich I. von Vianden und seine Familie

Aus der Wehrburg entstand während der Regentschaft Heinrichs I. ein prächtiges Schloss. Die Gotik hielt Einzug in Vianden: Die neuen Fensteröffnungen und die erhöhten Dachgeschosse lassen die gesamte Anlage eleganter und schlanker erscheinen. Heinrich I. ehelichte die Edeldame Margareta von Courtenay, sie hatte kaiserliche und königliche Vorfahren und brachte die Grafschaft Namur mit in die Ehe. Diese Heirat zeigt das hohe Ansehen des Hauses Vianden in dieser Zeit.

Fürstbischof Heinrich I. von Utrecht war der dritte Sohn des Paares. Yolanda, ihre ältere Tochter, sollte nach Monschau verheiratet werden. Doch diese ließ sich weder durch gute Worte, noch durch jahrelange Gefangenschaft auf Burg Schönecken davon abhalten, ins Kloster zu gehen. Sie wird in Vianden bis heute als gottestreue Jungfrau verehrt.

Graf Heinrichs I. Schwester Mathilde von Vianden heiratete den Grafen Lothar I. von Are-Hochstaden. Ihren zweiten Sohn nannten sie Konrad, er wurde später Erzbischof von Köln und ging in die Geschichte ein, als er 1248 den Grundstein zum Kölner Dom legte. Bis heute erinnern die Familiennamen Viander und Vianden rund um Köln daran, dass er viele der Handwerker für den Dombau in seiner Heimat mütterlicherseits rekrutierte.

Nach dem Tod von Heinrich I. 1264 entbrannten heftige Erbstreitigkeiten. Sein vierter Sohn Philipp meldete Ansprüche an, obwohl Friedrich, der Erstgeborene, einen halbwüchsigen Sohn namens Heinrich hinterlassen hatte. Am Ende wurde Vianden zum Offenhaus erklärt und fiel als Lehen an das Haus Luxemburg. Der Enkel Heinrich ging nach Schönecken, der Sohn Philipp bekam den Grafentitel.

Philipps Urenkel Graf Heinrich II. starb 1337 während einer Pilgerfahrt nach Jerusalem, mit ihm erlosch die Dynastie der Viandener in der Manneslinie. Seine Tochter Marie heiratete den Grafen Simon von Sponheim. Der Zugang zur Burg wurde um 1400 auf die Nordseite verlegt und um zwei weitere Türme verstärkt. Maries einzige Tochter Elisabeth von Sponheim und Vianden starb 1417 kinderlos, nachdem sie in ihrem Testament den Grafen Engelbert I von Nassau-Dillenburg zum Erben der Grafschaft Vianden bestimmt hatte.

Die Burg war nun kein adeliger Wohnsitz mehr und der ursprüngliche Baustil blieb erhalten. Die eingesetzten Verwalter hatten zwar ein Wohnrecht, aber beschränkten sich auf kleinere Baumaßnahmen, bei denen repräsentative Bauteile zu Speichern, Ställen, Werkstätten oder Wohnungen umgebaut wurden.

Zerstörung und Wiederaufbau

Ein trauriges Kapitel begann im Jahr 1820. Der König der Niederlande verkaufte die Burg an einen Viandener Bürger, der sofort mit dem Abbruch der Gebäude begann. Obwohl Großherzog Wilhelm II. von Luxemburg schon 1827 die traurigen Burgreste zurückerwarb, blieb Vianden eine dachlose Ruine, bis 1977 der Staat Luxemburg neuer Eigentümer wurde.

Großzügige Restaurierungsarbeiten verhalfen der Burg wieder zurück zur alten Pracht. Seither ist Vianden das Vorzeigeobjekt Luxemburgs bei Staatsbesuchen, wie die zahlreichen großen Fotos im Saal über der oberen Kapelle belegen.

Anfahrt
A60 Ausfahrt Bitburg, B51 bis Bitburg, dort rechts B50 bis Vianden.

ÖPNV
Ab Trier Hauptbahnhof entweder mit der Bahn über Luxemburg Gare Centrale nach Diekirch Gare und dort mit dem Bus 570 nach Vianden Bréck.

Übernachtung und Restaurant
Burgcafé Tavern im Informationszentrum. Unterkünfte über www.visit-vianden.lu

Erlebnisse und Veranstaltungen
Mittelalterfest in der ersten Woche im August.
Das Burggespenst Vidi informiert Kinder beim Rundgang.

Kontakt
Schloss Vianden
Grand Rue, Montée du château
L-9408 Vianden
Telefon 00352 834108-1
Geöffnet: täglich 10 bis 18 Uhr.

····> www.castle-vianden.lu

Virneburg – Eng vernetzt vom Rheinland bis in die Ardennen

Wann eine erste Burg auf der Schieferkuppe über dem Nitzbach erbaut wurde, lässt sich nicht sagen. Wohl aber kann davon ausgegangen werden, dass dies bereits im 10. Jahrhundert der Fall war. Denn Erzbischof Poppo von Trier erwähnte 1042 einen Bernhardus de Virneburch in einer Urkunde. Ein Graf Hermann I. von Virneburg wurde als Zeuge benannt, als 1095 Pfalzgraf Heinrich bei Rhein die Abtei Maria Laach stiftete.

Der Bau der ersten Burg verschwindet im Nebel der Geschichte

Womöglich stand im ausgehenden 12. Jahrhundert dort eine „Feste". Die nämlich sollen die Brüder Gottfried und Friedrich von Virneburg 1192 dem Erzstift Trier nebst der Grafschaft und allem Zubehör zum Lehen aufgetragen haben. Bei der entsprechenden Urkunde handelt es sich leider nicht um das Original. Die Abschrift aus dem 16. Jahrhundert lässt Zweifel aufkommen, denn die darin enthaltenen Formulierungen waren 1192 unüblich. Niemand vermag zu sagen, ob es sich um eine fehlerhafte Abschrift, eine zu lockere Übertragung oder eine plumpe Fälschung handelt.

Die heutige Bausubstanz der Virneburg stammt aus dem 13. und 14. Jahrhundert. Die ältesten erhaltenen Bauteile zeigen Techniken, die auch in Monreal zu finden sind, denn sie wurden von Brüdern gebaut: Hermann und Phillip von Virneburg teilten 1229 den Familienbesitz. Hermann behielt die Grafschaft und baute in Virneburg, Phillip baute im benachbarten Monreal die Phillipsburg. Die mächtige Mantelmauer der Burg ist teilweise mehr als drei Meter dick und bis heute bis zu 18 Meter hoch. Sie schützte die erste Burganlage mit einem runden Bergfried. Die beiden Zugänge von Westen und Osten waren mit Zwingern ausgestattet. Der Südostzwinger war mit einem Rundturm bewehrt. Durch einen Burgbering kam man in den Burghof mit einer halbkreisförmigen Vorburg mit einem Rundturm. Die Hauptburg wurde von einem mächtigen Bergfried dominiert.

Kämpfer und Kurfürsten

Die Virneburger entwickelten sich zu einem der reichsten und mächtigsten Adelsgeschlechter im Westen Deutschlands. Durch geschickte Händel und durchdachte Heiratspolitik sicherten sie sich Güter weit über ihre Grafschaft hinaus. Die Güter reichten von der Ahr bis zur Mosel, von den Ardennen bis zum Westerwald. Erstaunlich viele Söhne und Töchter erlangten ein kirchliches Amt und hatten als Domkapitulare, Bischöfe und Äbtissinnen großen Einfluss auf ihre Zeitgenossen.

In der Schlacht von Worringen 1288 unterstützte Heinrich I. von Virneburg mit seinen Söhnen Ruprecht und Heinrich die mit ihnen verwandten Grafen aus Jülich und Kleve. Sie alle kämpften aufseiten des Grafen Adolf von Berg für Herzog Johann I. von Brabant. Auf der anderen Seite stand der Kölner Erzbischof Siegfried von Westerburg mit seinen Gefolgsleuten, er unterlag in diesem todbringenden Finale des Limburger Erbfolgestreits.

Heinrich senior starb vermutlich 1289 und wurde durch seinen Sohn Ruprecht beerbt. Heinrich junior wandte sich nach der historischen Schlacht der Kirche zu. Er begann bei König Adolf als Kaplan und stieg schnell zum Domherrn in Trier und zum Dompropst in Köln auf. Im Jahr 1306 wurde er Erzbischof und Kurfürst von Köln. Noch lange nach seinem Tod wurde er für seinen unermüdlichen Einsatz beim Bau des Kölner Doms gelobt, den seine Vorgänger ziemlich vernachlässigt hatten. Im Jahr 1322 weihte er den Domchor ein, zum Dank tragen zwei Domfenster das Virneburger Wappen. Sein Neffe Heinrich III., der Sohn seines Bruders Ruprecht, ging den gleichen Weg und wurde Erzbischof und Kurfürst von Mainz.

Unstreitig ist unter den Historikern die Erwähnung des Bergfrieds als „hoechste thurm" in der Lehensurkunde von 1339, als Graf Ruprecht III. von Virneburg dem Trierer Kurfürsten Balduin einen Teil der Burg zum Lehen übertrug. Der andere Teil ging 1414 auf Betreiben des Erzbischofs Werner von Falkenstein ebenfalls an das Trierer Erzbistum. Einige Jahre später konnten die Virneburger die Burg zurückkaufen. Als Graf Kuno von Virneburg 1545 ohne Erben starb, endete die Geschichte derer von Virneburg. Kurtrier zog den größten Teil der Grafschaft an sich, Kunos Witwe blieben nur die Kirchspiele Nachtsheim, Retterath, Wanderath und Weiler. In den Reformationswirren zog Graf Dietrich von Manderscheid-Schleiden bei Erbstreitigkeiten die Grafschaft Virneburg an sich. Sein Enkel Philipp Dietrich duellierte sich 1590 in Padua und starb mit nur 19 Jahren. Bei den erneuten Erbstreitigkeiten fiel das Erbe an eine seiner sechs Schwestern, Anna Salome. Diese tauschte das Erbe mit ihrer Schwester Elisabeth, die 1600 den Grafen Christoph Ludwig von Löwenstein-Wertheim heiratete. Das Paar baute die Burg schlossartig aus. Ein Inventar von 1605 führte zwölf Räume auf. Der Bergfried wurde erneuert und 1623 um einen neuen Wehrgang ergänzt.

Der vergebliche Kampf gegen den Verfall

Leider konnte diese Baumaßnahme den weiteren Verfall nicht aufhalten. 1663 wurde die Burg als sehr baufällig beschrieben. 1665 wurden die Mauern im vorderen und oberen Burghof als „abgefallen" und „baulos" bezeichnet. Deshalb blieb 1670 keine andere Wahl, als den Bergfried vollständig abzutragen und in den beiden folgenden Jahren neu in die Höhe zu mauern und mit einem Dach zu versehen. 1675 verzeichnet die Burgchronik Arbeiten an den Ringmauern, im „Schloss" und im Zwinger.

Beim Einmarsch der Franzosen 1689 wurde die Burganlage gesprengt. Dabei brannten die Wohngebäude aus, der Turm wurde völlig zerstört und die Ringmauer dem Erdboden gleich gemacht. Im Jahr 1750 entstand unterhalb des alten Burghauses ein prächtiges Amtshaus. 1910 kaufte der Rheinische Verein für Denkmalpflege und Landschaftsschutz die Burgruine, er führte in den 1970er- bis 1990er-Jahren zahlreiche größere Sicherungs- und Erhaltungsarbeiten durch.

Anfahrt
A61 Ausfahrt Mendig oder A48 Ausfahrt Mayen, B262 bis Mayen, dort B258 bis Virneburg.

ÖPNV
DB Mayen-Ostbahnhof, Bus 344 zur Haltestelle Im Brauberg, Virneburg.

Übernachtung und Restaurant
In den umliegenden Ortschaften.

Erlebnisse und Veranstaltungen
Der 9,9 km lange Traumpfad Virne-Burgweg führt durch Wald- und Heide-landschaften rund um die Virneburg.

Kontakt
Burgruine Virneburg
56729 Virneburg
Geöffnet: frei zugänglich
Zugang über zwei Fußwege aus dem Dorf. Die westliche Route (Talstraße) führt an der Kapelle St. Trinitatis vorbei, ist aber bei Nässe rutschiger als die östliche Route von der Hauptstraße.

Weitere Bücher über Ihre Region

Weihnachtsgeschichten aus der Eifel
Ingrid Retterath
80 Seiten, zahlr. schw./w. Fotos
ISBN 978-3-8313-2927-4

Geschichten und Anekdoten aus der Eifel
Um vier am Haller!
Ingrid Retterath
80 Seiten, zahlr. schw./w. Fotos
ISBN 978-3-8313-2873-4

Küchenklassiker aus der Eifel
Stampes, Strüh un Schlootematsch
Ira Schneider
96 Seiten, zahlr. Farbfotos
ISBN 978-3-8313-2481-1

Köln in den 50er-Jahren
Alles auf Anfang
Werner Schäfke
72 Seiten, zahlr. schw./w. Fotos
ISBN 978-3-8313-3293-9

Wartberg-Verlag GmbH   Bücher für Deutschlands Städte und Regionen
Im Wiesental 1 | 34281 Gudensberg   Tel. 05603-93050
www.wartberg-verlag.de   Fax 05603-930528